난 괜찮다

박정숙 수필집

작가의 말

　내 인생의 첫 시작은 바다이다. 유년 시절부터 한 마리 물고기처럼 바다에서 헤엄쳤다. 바닷가에 피어 있던 붉은 해당화, 바다를 향해 줄지어 선 해송들, 들숨과 날숨을 몰아쉬며 물질하던 해녀들의 숨비소리. 푸른 요람 같은 바다의 풍경 속에서 어린 내가 성장했다. 눈만 뜨면 하늘과 바다가 어우러진 수평선 아래 푸른빛이 나의 존재의 시원임을.

　나는 누구이며 어떻게 살아왔고 살고 있는가를 들여다본다. 수필 쓰기는 30년 직장생활 후에 찾아온 내 인생의 또 다른 선물이다. 먼 바다에서 밀려와 철썩거리는 파도가 되어 끊임없이 나를 키운다. 이제 망사리에 든 보잘것없는 수확물을 내어놓는다.

　첫 수필집을 펴내기까지 도와주신 분들께 진심으로 감사드린다. 마음 편하게 글을 쓸 수 있도록 묵묵히 응원해준 우리 남편과 딸에게도 이 지면을 통해 고마운 마음을 전한다.

2022년 10월

박정숙

차례

5   작가의 말

제1부 영일대, 별이 내리면

13   나의 푸른 요람

18   블루로드

24   영일대, 별이 내리면

30   테왁

35   미역귀

41   해송

47   태양초

52   쑥부쟁이

57   해의海衣

제2부 숲길을 거닐다

- 65　외나무다리
- 71　2인용 자전거
- 76　숲길을 거닐다
- 82　삼곡자세
- 87　겨울 토함산에서
- 93　오어지에 들다
- 98　영역표시
- 104　도담삼봉
- 109　꼬부랑길

제3부 조제실 앞에서

117 인포데믹 바이러스

123 마스크

128 조제실 앞에서

134 선별진료소

139 CPR(심폐소생술)

142 배냇향

147 길을 내려다보며

152 소리를 따라가다

157 촛불

제4부 난 괜찮다

- 165 난 괜찮다
- 171 봄날이
- 177 오늘도 수고했어요
- 183 고구마 사랑
- 188 갈증
- 194 빈집
- 200 여백
- 204 눈 떠 보세요
- 209 '비호감' 날아가다

제5부 모랫등

- 217 가야진사
- 220 공포의 그림자
- 226 경계신호
- 231 기억의 저장소
- 234 모랫등
- 237 법기 조망길
- 240 봉발탑
- 243 숲속 하얀 집
- 248 파프리카 농원

제1부 영일대, 별이 내리면

나의 푸른 요람

바다가 흔들린다. 오늘처럼 바람이 자는 날에도 끊임없이 몸을 흔든다. 저 멀리, 저 깊이 어디선가 들려오는 잔잔한 선율에 왈츠라도 추듯이 가볍게 스텝을 밟는다. 흔들흔들 부드럽게 흔들리는 푸른 등에서 한가로운 갈매기 몇 마리가 같이 흔들리며 졸고 있다. 마치 커다란 요람 같다.

바다는 나의 요람이었다. 뱃속에 내가 작은 싹을 틔운 줄도 모르고 엄마는 물질을 계속했다. 설령 알았다 하더라도 가뜩이나 힘든 살림살이에 물질을 그만둘 수는 없었을 것이다. 그렇게 나는 기억하지도 못하는 존재의 시원에서 바다를 만났다. 바다는 나를 안고 눈, 코, 귀에 천천히 푸른빛으로 작은 생명을 불어넣었다. 엄마가 들이키는 바다의 숨결로 숨 쉬며 나는 자궁 속에서 세상으로 나올 틈을 들이며 자라고 있었다.

나는 기억할 수 없는 그때를 상상한다. 바닷속은 아직 뿌옇다. 검은 내 눈동자는 요람 속에서 이리저리 물결 따라 흔들린다. 선뜻 방향을 잡지 못하고 소리에 두 귀를 쫑긋거린다. 엄마의 심장 너머로 우렁거리는 소리를 듣는다. 때로는 웅장한 교향곡 같고 때로는 잔잔한 자장가 같다. 음표의 박자에 따라 심장이 빨리 뛰고 가끔은 조용히 잠이 든다.

자꾸만 코는 비릿하고 향긋한 바다 냄새를 맡는다. 한 입씩 들이키는 양수에서도 푸른 향내가 난다. 엄마의 냄새면서도 바다의 냄새. 바다 향기는 나의 작은 뇌에 푸른 물을 들인다.

서서히 눈이 밝아지며 엄마의 배 너머 푸른 일렁임을 본다. 자궁 속에서 한 바퀴 돌며 부딪힐 때마다 푸른색으로 물들어 간다. 자궁 안에서 푸른 바다를 보고 성장했다는 것을, 내 작은 몸이 푸른 요람에 잠겨 있었음을 안다.

바다에서 물질하던 엄마의 뱃속에서 열 달 동안 나라는 존재가 만들어졌다. 바닷물은 한 생명에게 배어들었다. 온몸을 거꾸로 세워 자맥질하고, 천천히 솟아오르기를 반복했다. 한 번 내려가면서 들이킨 숨은 조금씩 소진되고, 참을 수 없는 순간이 되면 긴 휘파람으로 흩어졌다. 숨조차 자유롭게 쉴 수 없었던 무겁고 힘든 엄마의 시간이었다. 바다 깊이 들어가는 엄마의 숨을 빼앗아 가며 나도 가쁜 숨을 내뱉었을 것이다. 그렇게 바다에서 시간을 보낸 후 나는 세상으로 나왔다.

바다색과 하늘색이 맞물리는 수평선을 바라본다. 바다는 하늘을 닮으려 하고, 하늘은 바다를 닮으려 한다. 바다는 여러 색의 얼굴을 가지고 있다. 고요한 날, 바다 빛은 물빛에 가깝다. 태풍이 거세게 치면 바다는 점점 탁해진다. 비바람이 불어오면 황토색으로 변해 버린 바다는 마치 진흙팩으로 마사지를 하는 것 같다. 바다가 자기 속을 비울 때면 잔잔한 호수처럼 고즈넉해진다. 옅은 블루 색에서 짙은 남색으로 물들며 새로운 꿈을 꾼다.

푸른 꿈을 안고 고향을 떠나 온 뒤로 나의 색은 점점 퇴색되어 갔다. 도시는 붉은빛으로 가득했다. 벌겋게 욕망으로 달아오른 도시에서 푸른빛은 휘발되었다. 갈수록 조급해지고 자꾸만 짜증이 났다. 삶이 고단해질 때마다 마음이 서성거렸다. 푸른 요람의 흔들림이, 그 냄새가 그리웠다. 도시의 복잡함에 지칠 때면 잠시 휴식이라도 취하고 싶은 곳은 어김없이 바다였다.

엄마는 자신의 눈물 색을 닮은 푸른 바다 옆에서 아직도 바다를 바라보며 살고 계신다. 내 인생에서 파도가 세차게 칠 때마다 나는 푸른 요람을 찾아 나섰다. 마음을 달래주던 파도 소리가 엄마의 목소리처럼 그리웠다. 사남매를 기르시면서 하루도 편한 날이 없으셨던 엄마의 바다. 그 요람에 안겨 자유롭게 헤엄치며 쉬고 싶었다.

푸른빛은 나의 색이지만 엄마의 색이기도 하다. 바다는 멍들고 지친 엄마의 고단한 하루를 너그러이 품어 토닥토닥 달래주었다. 끝없이 넓은 품으로 눈물을 닦아 주었을 바다. 엄마처럼 생명을 잉태한 고단한 어미들에게 생의 신비를 보여주며 용기를 북돋아 주었으리라.

붉은 태양이 하루를 시작할 때 푸른 요람은 모든 것을 품어주는 따스한 색을 띤다. 물결마저도 잠시 호흡을 멈추고, 정지되어 버린 화면처럼 고요함이 묻어난다. 바람이 멈춘 한낮의 요람은 멀리 갈수록 검푸르다. 푸른 바다를 바라보고 있으면 따뜻한 사랑이 내 안으로 전달되는 것만 같다.

이윽고 밤이 찾아오면 하늘에 별과 달이 뜬다. 옥구슬 굴러가듯 잔잔한 블루 색의 바다는 갈치 비늘처럼 은빛이 되어 은은

함을 자랑한다. 푸른 요람 위로 신비로운 밤하늘이 흘러간다. 요람 안의 뭇 생명 위로 포근한 이불을 펼친다.

  어릴 적 요람 앞에 다시 선다. 요람은 출렁이며 둥둥 나를 흔들어 깨운다. 요람을 흔드는 물결에 가슴이 뛰고 비릿한 바다 냄새에 숨이 깊어진다. 출렁이는 물결 따라 몸을 가볍게 흔든다. 눈을 감자 푸른 요람이 나를 태운 채 조용히 흔들리고 있다.

블루로드

 바람이 분다. 어둠을 더듬어 온 바람은 동해의 눈꺼풀을 살며시 들어 올린다. 곤히 잠든 아이를 깨우는 엄마의 손길처럼 살갑게 바다의 몸을 쓰다듬는다. 바다는 칭얼대는 아이처럼 몸을 뒤채면서도 조금씩 깨어나고 있다. 동심의 푸른 바다, 동해를 깨우는 바람에서도 푸른 색감이 묻어나는 듯하다.
 남편과 함께 블루로드를 걷는 중이다. 어떤 손이 있어 밋밋하던 길에 푸른색을 입혀 놓은 것일까. '푸른'이라는 말이 주는 청량한 어감이 길에 대한 기대치를 한껏 높여준다. 게다가 길 위에서 하루의 처음을 여는 태양의 장관을 만날 수 있다니. 발걸음이 빨라진다.
 길(吉)한 터의 조건 중 하나가 좌청룡 우백호라 하던가. 무성한 솔숲과 동해를 양쪽으로 거느린 오솔길이 해안을 따라 끝없이 이어진다. 여명이 깔린 길은 몽환적이기까지 하다. 걸음걸음 긍정의 주문을 걸면 우리 부부에게도 길한 기운이 건너올 것만 같다.

블루로드는 해안을 경비하던 병사들이 다니던 길이었다. 뿌리를 뒤흔드는 힘찬 군홧발 소리를 구령 삼아 삶의 피돌기를 돌렸는지, 나무들도 꼿꼿하게 몸을 세우고 있다. 일말의 흐트러짐도 허락지 않을 듯한 나무의 기상이 하늘을 떠받친다.

길이 주는 선물일까. 어둠을 가르며 하나둘 작은 해변이 나타난다. 키 큰 해송들 사이로 바다보다 파도 소리가 먼저 인사를 청한다. 귀를 씻어 내리며 일상에 찌든 가슴을 시원스럽게 쓸고 간다.

사위가 희붐해지는가 싶더니, 드디어 먼 수평선 위로 붉은 기운이 어리기 시작한다. 우리는 잠시 걸음을 멈추고 바다가 밀어 올릴 태양을 기다리기로 한다. 길이 선사할 선물에 조바심이 난다.

바다의 산기가 점점 짙어진다. 어느 시인이 그랬던가. 바다가 절절 끓어오른다고. 세상의 붉은 것들을 모두 끌어다 놓은 듯, 수평선 끝자락이 붉디붉다. '힘주세요.' 오랜 진통 끝에 아이를 세상에 내어 놓던 분만실에 다시 누운 듯 나도 몰래 온몸에 빠듯이 힘이 들어간다. 그러기를 겨우 몇 초, 드디어 붉은 해가 모습을 드러낸다. 일순 '미끄덩' 나를 빠져나가 버리던 아이처럼, 태양도 순식간에 원형의 몸체를 바다 위로 둥실 띄운다. 저 경이로운 탄생의 순간이라니.

  햇귀를 받아 세상 모든 것들이 제 모습을 선명하게 드러낸다. 길도, 그 위를 걷는 몇몇의 사람도 눈앞으로 도드라진다. 바다를 건너온 바람이 해송의 붉은 허리를 휘감자 푸르디푸른 풍경이 바람과 함께 출렁인다. 낯설지만 낯설지 않은 풍경에 붙박여 길 위에 쪼그리고 앉는다.

  나는 작은 해안 마을에서 유년을 보냈다. 소박하고 아름다운 곳이었다. 짭조름한 해초 내음이 풍겨오는 골목길에는 따사로운 햇살이 손님처럼 드나들었다. 사람들은 널어놓은 그물을 재바르게 손질하곤 했다. 한바탕 바다와 씨름하느라 녹초가 된 그물을 꿰매고 또 다른 출항을 위한 에너지를 한껏 불어넣었다. 한층 튼튼해진 그물은 생명의 바다를 누비며 제 몫을 톡톡히 해냈을 것이다.

마을 앞 해변은 거친 자갈들로 이루어져 있어 마음껏 뛰어놀 수가 없었다. 언젠가 나와 친구들은 어른들의 눈을 피해 먼 곳에 있는 도둑굴 백사장까지 해수욕을 가자고 쑥덕공론을 펼쳤다. 그곳에서 모래성을 쌓으며 놀다가 점심도 먹고 시간을 보내기로 하였다.

도둑굴은 어른들이 절대금기의 선을 그어놓던 곳이기도 했다. 그러나 아이들이란 출렁이는 파도처럼 끝없는 호기심으로 가득 찬 존재들이 아닌가. 어른들이 금하면 금할수록 우리들은 그곳에 꼭 가고 싶었다.

일곱 명의 친구들이 겁도 없이 산길을 걸었다. 점심으로 라면을 끓이기로 하고 가스버너, 냄비, 김치, 물 등을 하나씩 챙겼다. 소풍을 가듯 장난도 치고 신나게 노래도 불렀다.

어느덧 커다란 바위 앞에 도착했다. 반짝이는 은빛 모래와 연분홍 해당화가 곱게 핀 여름 해변이 우리를 반겨 맞았다. 누가 먼저랄 것도 없이 하얀 포말을 몰고 오는 파도를 향해 몸을 던졌다. 라면으로 배를 채우고, 정신없이 깔깔거리느라 해가 기우는지도 모를 정도였다.

입술이 새파래진 채 서둘러 옷을 갈아입는데, 친구 중 하나가 도둑굴의 전설을 이야기하기 시작했다. 도둑들이 보물을 그 곳 어딘가에 숨겨 두고 갔는데, 그들이 돌아오기 전에 어서 도 망을 쳐야 한다는 것이었다. 나도 모르게 다리가 후들거렸다. 금방이라도, 동화책에서 보았던 알리바바와 40인의 도둑들이 '열려라 참깨'를 외치며 덜미를 잡을 것만 같았다.

와락 달려 나가는 친구의 꽁무니를 따라 미친 듯이 뛰었다. 땀이 비 오듯 흘러내렸다. 숨이 목구멍에 차오르도록 달렸지만 올 때와 달리 돌아가는 길은 어찌 그리 멀던지. 마을 근처의 바다 위로 갈매기 몇 마리가 날아오르는 모습이 저만치 눈에 들어오자 우리는 안도의 한숨을 몰아쉬었다.

그제야 해변에 버려두고 온 냄비 생각이 났지만, 다시 돌아 갈 엄두가 나지 않았다. 결국 어머니의 태풍 같은 꾸중을 고스 란히 맞아야 했다. 그러나 그 뜨거웠던 여름 하루의 기억은 유 년의 자화상처럼 내 안에 깊숙이 자리를 잡게 되었던가 보다. 오늘처럼 문득 떠올라 추억으로 되새김질 되는 걸 보면.

바다는 그때의 아이들처럼 흰 이를 드러내고 있다. 한 올, 두 올, 머리에 서리가 내려앉았을, 그때 그 아이들의 안부가 문득 궁금해진다. 그들도 나처럼, 이따금은 우리가 함께 적어

놓았던 유년의 비망기를 꺼내 읽곤 할까.
 목적지인 축산항 등대가 가까이 보인다. 밀물과 썰물이 만나는 곳, 어쩌면 유년의 추억과 불혹을 넘어선 내가 만나는 곳이기도 하다. 다시 초심을 외쳐도 좋을 만치 또 다른 무엇으로 충만한 내가 블루로드, 그 푸른 길 위에 서 있다.
 블루로드에서 꺼내 읽은 유년으로 하여 내 안에도 조금은 푸른 물이 든다.

영일대, 별이 내리면

영일대, 밤바다다. 나는 사방 질펀하게 깔려 있는 어둠속의 바다를 기웃거린다. 멀리 또는 가까이서 귓전을 철썩이며 바다는 연신 소리로만 기척을 낸다. 그런 바다의 주파수에서 멀어지지 않기 위해 귀를 부풀린 채 천천히 나를 옮기고 있다.

찾는 이가 많지 않아 이따금씩 스며들어 남모르게 출렁이다가 가기 좋은 바다이다. 적막한 바다 앞에 서면 내 안의 여백이 넓어지는 기분이었다. 털 건 털고, 남길 건 남기며 심중의 교통 정리를 가능케 하던 곳이랄까. 특히 쓸쓸함이 배가 되는 겨울의 영일대는 바다가 고향인 내게 특별함으로 다가왔다. 북적대는 세상에서 빠져나와 나를 죄 풀어 놓고 향수를 달래기에 적격인 곳이었다.

그래서일까. 병원에 계신 부모님을 뵙고 돌아가는 길에 문득 발길이 멈춘 곳이다. 간만에 찾은 영일대가 조금은 낯설어졌다 싶다. 언제부터인가 해안을 가꾸는 손길이 분주해진다 싶더니 그새 해수욕장이 작은 문화공간을 방불케 한다. 누군가의 혼이 실린 예술작품들이 곳곳에 포진해 있다. 그들의 친절한 동행이 있어 홀로여도 고적함을 느낄 겨를이 없을 정도다.

그 끝자락 즈음 단아한 누각 하나 바다에 발을 담그고 서 있다. 환하게 불을 밝힌 누각은 국내 유일의 해상 누각이란다. 산 좋고 물 좋은 어느 산자락에나 어울릴 법하던 누각이 바다 속으로 성큼성큼 걸어 들어간 모양새라니. 생뚱맞다 싶기는 했지만, 바다라는 드넓은 풍경에 소담한 풍경 하나를 덧얹어 놓으니 운치가 배가 된다. 의관을 정제한 선비가 고요하게 먹을 갈고 일필휘지의 문장을 적어내려도 좋을 듯하다.

누각에 오르니 사방으로 시야가 훤하게 트인다. 먼 바다가 가까이 다가선다. 대평원처럼 눈 아래로 장대하게 펼쳐지는 동해에 어둠이 감물처럼 짙게 배 있다. 넘실넘실, 아득한 소실점 너머 어디쯤에서 바다의 우화가 시작되는지 물살은 바다가 벗어놓은 허물을 뭍으로, 뭍으로 실어 나른다. 하얀 포말이 켜는 바다의 생동감이 시들해진 나의 오감을 낱낱이 일으켜 세운다. 몇 번의 심호흡만으로도 검푸른 동해가 내 안으로 들이치는 기분이다.

누각은 문도 벽도 없다. 바람도, 햇살도, 비릿한 갯내마저도 무사통과다. 문이 없으니 주인도 객도 정해져 있지 않다. 시부저기 엉덩이를 걸치는 순간, 모두가 객이면서 모두가 주인이 된다. 나도 잠시 주인인 듯 객을 벗고 앉는다. 낯설지만 뭔가 낯익기도 한 정취다. 평상에 앉아서 밤바다를 내려다보던 유년의 여름밤이 파노라마처럼 수면 위로 흐른다. 마치 고향집의 오래되고 낡은 평상처럼 무작정 퍼질러 앉아 내 안의 이야기를 그득하게 풀어내고 싶어진다.

저녁밥을 먹고 나면 식구들은 옥상에 있는 대나무 평상으로 나와 더위를 식히곤 했다. 우물에 담가두었던 수박을 꺼내고, 옥수수를 찌고, 그런 날이면 어머니의 일과는 늦도록 이어졌다. 우리는 금방 밥상을 물리고도 어머니표 군것질거리에 환호를 하곤 했다. 탱자나무 가시로 고동의 속살을 빼먹는 일은 일종의 유희에 가까웠다.

옥상에서는 밤바다가 내려다 보였다. 환하게 불을 밝힌 오징

어잡이 배들이 반딧불처럼 포물선을 그리는 바다는 동심을 자극하기에 충분했다. 옥상 한 쪽에 지펴놓은 모깃불의 매캐한 연기가 꿈속에 있는 듯한 분위기마저 연출해 주었다. 보름달이라도 뜨는 날이면 달빛을 온몸으로 받아낸 바다가 은빛물결의 축제장을 이루곤 했다. 마치 동화속의 한 장면 속에 들앉은 기분이었다 할까.

어머니는 낡아서 거스러미가 일어난 평상에 장판을 깔았다. 모기장을 치고 홑이불 한 장 펼쳐 놓으면 더 없이 훌륭한 잠자리가 되었다. 평상 위에 큰대자로 드러누우면, 별들이 손에 닿을 듯 가까이 내려앉았다.

그제야 어머니도 고된 몸을 평상에 내려놓으셨다. 밤하늘에서는 이따금 별똥별이 떨어지곤 했다. 그때마다 어머니는 이 세상 사람들은 모두가 별이며, 별이 떨어질 때마다 어딘가에서 사람이 태어나는 거라고 하셨다. 사람들은 귀한 별들이기 때문에 높은 하늘에서 살고 있다가 별똥별과 함께 태어난다는 것이었다. 착한 사람은 죽어서 다시 밤하늘의 별이 되어 아름답게 반짝이게 된다는 어머니의 말씀을 듣고 착하게 살아야겠다고 작은 주먹을 그러쥐었을 만치 내 삶에서 가장 순수했던 시절이었다.

　차르르, 밀려오는 파도 소리를 따라 어머니의 목소리가 낮아졌다, 높아지기를 몇 번인가 하면 우리는 하나둘 잠이 들곤 했다. 촘촘하게 별을 새긴 하늘을 이불처럼 덮은 채 꿈나라를 헤매던 그때가 아직도 내겐 유년의 자화상처럼 또렷이 남아 있다. 돌이켜 생각해보면 세상에서 가장 훌륭한 동화작가는 바로 어머니였던 셈이다.

　지금쯤 어머니는 자식들로 하여 잠시 번잡했던 병실에 덩그러니 앉아 계실 것이다. 어쩌면 아버지의 몸을 정갈하게 닦아드리며 숙면의 밤을 준비하고 계실지도 모르겠다. 이제는 마지막이라는 단어에서 자유로울 수 없는 나이라 여기셨던 것일까. 팔순이 훌쩍 넘은 아버지가 수술대에 오르시던 날부터 병실을 떠나지 않던 어머니다.

　사람은 죽어서 별이 된다지만 아직까지는 아버지를 보내기에 준비가 되지 않으신 어머니시다. 언제나 옆에서 따뜻이 빛나던 별이 하늘로 돌아가기 전, 조금이라도 더 곁에 두고 싶어 하시는 것이리라. 그래서 간병인도 마다하며 손수 아버지의 수발을 드시느라 고단한 시간을 보내고 계신다. 흐렸다, 맑았다,

더웠다, 추웠다, 종잡을 수 없는 아버지의 심기를 죄 받아내시며 어머니가 부르시는 잔잔한 사부곡思夫曲에 가슴이 젖어 돌아설 때가 많다.

"사는 동안은 함께 살아야지요. 마음 굳게 잡숫고 얼른 나아서 우리 같이 집에 갑시다." 아버지의 귓속으로 가만가만 흘려 넣는 어머니의 이야기가 회복의 주문이라도 되는 듯 아버지께서도 점점 기력을 차리고 계신다. 유년의 우리들처럼 아버지도 어머니의 목소리에 화답을 하고 계신 것일까. 내내 어머니만 찾으시는 걸 보면, 아버지에게는 어머니라는 존재 자체가 명약인지도 모르겠다.

영일대의 어둠이 점점 짙어지니 별은 더욱 빛난다. 지금쯤 병실에도 안식의 소등이 이루어졌을 것이다. 나란히 잠드셨을 두 분의 얼굴이 별빛처럼 밤바다에 어린다. 사람은 살아서도 별, 죽어서도 별이라던 어머니의 소박한 이야기 한 자락이 파도 소리에 섞여든다.

테왁

숨은여에서 몸을 떼어낸다. 바닷속 바위에서 떨어진 어머니의 몸은 햇살을 향해 헤엄치는 검은 물고기가 된다. 한 손에는 갈고리를 잡고, 다른 손에는 문어를 움켜쥐고 오리발을 힘껏 밀어 올리며 숨을 참는다. 수경 너머 일렁이는 망사리를 길라잡이 삼아 물길 위로 솟구쳐 오른다. 머리 위에 바다가 갈라지고 와락 덮치는 햇귀에 때로는 어지럼증이 인다. 테왁부터 끌어안고 숨비소리를 뿜어낸다. 깊이 뱉어내는 날숨소리는 파도와 힘겨루기를 하는지 휘파람이 되어 허공 속에 흩어진다.

깊은 들숨을 마시고 첨벙첨벙 물속으로 다시 잠수한다. 가끔 거대한 멀기가 밀려올 때면 어머니의 몸이 하늘로 솟구친다. 그러다가 바다 속으로 사라지는 어머니는 내가 속으로 열을 세고 나서야 물 밖으로 나온다. 또다시 긴 호흡을 가다듬는 소리는 물꽃이 되어 자잘한 밤 염들을 물들인다.

잠수의 위치를 알리는 테왁이 바다에 떠 있었다. 여러 개의 테왁이 근처에 있어도 나는 어머니를 금방 찾아내었다. 테왁에는 어머니의 옷이 입혀져 있었다. 얼마 전까지는 연두색 저고리였다. 그 옷이 햇살과 파도에 찢기고 색이 바래자, 연분홍 치마를 입혔다. 애달픈 빛깔이 파도에 흔들렸다. 테왁은 어머니의 분신이며 망망한 바다에 떠 있는 좌표이다. 한낮의 햇볕이 찰랑거리는 수면 위에서 유리 조각처럼 깨어졌다. 난반사되는 빛 사이로 이리저리 움직이는 어머니의 테왁을 눈이 시리게 바라보았다.

마당 한쪽에 있는 장독대에 발을 딛고 서면 앞바다가 잘 보였다. 소쿠리에는 박카스 한 병과 풋고추, 쌈장, 밥이 담겨 있었다. 해는 바다의 한 가운데를 지나 비스듬히 기울기 시작했다. 일렁이는 파도에 햇살이 물엿처럼 녹았다. 입이 찢어지게 하품이 났다. 커져다가 작아졌다가 하는 테왁만을 바라보고 있자니 눈이 시리고 눈물도 흘렀다. 햇빛이 속눈썹 사이를 파고들며 눈을 찔렀다. 그래도 어머니는 새참을 가져오라는 손짓을 하지 않았다.

어머니는 결혼해서 숟가락 두 개와 쌀 서 말로 신혼살림을 시작했다. 아버지는 어부셨는데, 사남매를 키우기에는 형편이 턱없이 부족했다. 방학 때가 되면 어머니의 새참과 저녁을 준비하는 것은 늘 나의 몫이었다. 바쁜 어머니를 도와 드리고 싶어서 껌딱지처럼 붙어 다녔다. 이른 새벽부터 어머니는 밭에 나가 잡초를 뽑으며 물때를 기다렸다. 물때보다 중요한 것은 없었다. 바람이 잔잔하고 햇살이 좋은 날이 들면 따뜻한 밥 한 끼도 제대로 드시지 못하고 바다로 나갔다.

바다를 향해 테왁을 어깨에 걸치고 걷는 어머니의 야윈 등에는 한창 자라는 자식들의 무게가 실려 있었다. 허리에는 둥근 호빵 모양의 납까지 찼다. 납덩어리 같은 자식의 무게를 견디며 바다를 누볐다. 그 세월의 무게를 어찌 헤아리랴. 단지 테왁만이 어머니가 좌표를 잃지 않도록 단짝이 되어주었다.

늘 두려움의 대상인 바다는 수시로 표정과 모습을 바꾸곤 했다. 언제 어떻게 변할지 모르는 것이 바다였다. 바다를 떼어놓고는 잠시도 살기 어려운 삶이었다. 너울은 아침보다 조금씩 거세어졌다. 제자리에 있고자 해도 출렁거리는 파도에 떠밀려

움직였다. 게다가 물밑은 파도와는 다른 방향으로 거센 조류가 흐르기도 했다. 자신도 모르게 물길에 휩쓸리기 마련이다. 멀리서 볼 때 테왁은 한자리에 떠 있지만, 가끔은 여울로 밀려나 있었다. 그때마다 자박거리는 어머니를 곁에서 물질하던 해녀가 끌어당겨 주기도 했다. 물 밑에서 흐르는 보이지 않은 물살은 항상 그렇게 어머니를 떠밀었다. 차갑고 냉혹한 시류처럼 말이다. 그러나 선택의 여지가 없는 삶이었다.

가쁜 숨비소리와 함께 어머니의 손짓이 보였다. 나는 반가운 마음으로 새참을 들고 가 바위 위에 올려놓았다. 옆에는 염분 많은 바닷물이 뚝뚝 떨어졌다. 바다에서 나와 수경과 모자를 벗은 어머니의 모습은 소금에 절인 배추처럼 입술이 푸르스름했다. 오른손에 갈고리를 잡고 물속에 있는 테왁을 바닷물에 살살 헹구듯 끌어다가 바위 위에 얹어 놓았다. 오늘은 더는 물에 들어가지 않는다는 표시이다. 나는 흔들리지 않고 가만히 있는 테왁을 보면서 안심이 되었다. 어린 마음에 어머니가 저 거친 바다에서 나와 함께 집으로 돌아간다는 것이 그렇게 좋을 수가 없었다.

숨은여에서 깊이 뱉어내는 숨비소리에 정신이 든다. 오늘따라 어머니는 그 시절 이야기에 숨이 차다. 때로는 자맥질한 후 머리가 빙그르르 돌며 흔들리고 깨질 듯 아픈 두통에 시달렸단다. 무거운 납을 달고 숨을 참으며 살아야 했던 삶이었다.

바다에서 건져 올린 것들로 자식들 먹이고 입히고 학교도 보냈다. 집도 사고 논밭도 샀다. 비록 자식을 위한 헌신이었다 할지라도 어쩌면 그때가 어머니 삶의 전성기이었는지도 모르겠다. 한 마리 물고기처럼 바다를 누비며 마음껏 유영했던 시간, 나름의 자유와 경제적 활동과 함께 자부심으로 충만했던 시절이었으리라.

어머니의 목소리는 햇살에 바짝 마른 가사리처럼 가볍다. 고통의 바다였으나 기꺼이 바다를 사랑한 한 여인의 노랫소리 같다. 그 노래를 창밖 처마 밑에서 이제는 어머니처럼 다시는 바다에 나가지 못하는 빛바랜 테왁이 조용히 듣고 있다.

* 숨은여 : 수면 위로는 보이지 않지만 바닷속에 내밀고 있는 암초.
* 밤염 : 작은 바위섬.

미역귀

 푸른 바다다. 고개를 넘어서니 빨갛고 파란 지붕을 이고 옹기종기 모여 앉은 어촌마을이 내려다보인다. 내가 나고 자란 마을이다. 마을 앞길과 면해 있는 부두 한편에는 미역들이 따사로운 봄볕을 받으며 누워있다. 이맘때쯤이면 수확하는 돌미역을 말리는 중이다. 그 너머 하늘과 이어진 듯 바다가 펼쳐져 있다. 포구에는 흰색의 작은 배 한 척이 연신 몰려오는 파도에 한가로이 몸을 맡기고 흔들린다.
 파도가 들어오고 나가는 풍경을 물끄러미 바라본다. 파도가 출렁일 때마다 작은 배도 같이 출렁인다. 거스르거나 거역하는 법이 없이 파도를 따라 순순히 추임새를 넣는다. 나를 보고 인사하듯 꺼떡대는 뱃머리에 자꾸 시선이 머문다. 당장이라도 뱃

머리에서 꽃무늬 모자를 쓴 친구와 가슴까지 올라오는 작업복을 입은 그녀의 남편이 환히 웃으며 손을 흔들 것만 같다.

그날의 하늘은 구름 한 점 없고, 가는 바람만이 어촌마을을 지나고 있었다. 일 년에 한 번 자연산 미역을 캐는 날이었다. 친구는 해안도로에 쪼그리고 앉아 네모난 덕장 위 공간을 부지런히 채우고 있었다. 갈색의 미역을 한 방향으로 가지런하게 고르고 있는 손놀림이 분주해 보였다. 넓은 모자챙 아래에서 친구의 얼굴이 봄볕에 발갛게 익고 있었다. 나도 곁에서 서툰 손길로 미역 줄기를 다듬었다.

마침 친구의 남편이 미역을 가득 실은 뱃머리에서 내려서며 반갑게 손을 흔들었다. 미역을 채취하는 뱃사람들의 고함이 들려오고, 그 뒤로 쪽빛 바다가 힘차게 출렁이고 있었다. 오랜만에 찾아온 나를 보며 그가 손에 들고 있던 낫으로 미역귀를 잘라주었다. 미역귀는 엄마의 자궁에서 금방 빠져나온 듯 미끈거렸다. 마치 갓난아이를 보듬어 안듯이 조심스럽게 받았다. 비릿하면서도 향긋한 바다 내음이 물씬 풍겨왔다.

돌미역은 아랫동에 달린 딱딱한 부위가 미역의 머리이며 생식기관이다. 생김새가 사람의 귀 모양을 닮아서 미역귀라는 이름을 얻었다 한다. 암컷은 주먹처럼 둥글고 많이 짜지 않다. 반면 수컷은 아카시아 잎처럼 길쭉하며 짠맛이 강하다.

내 손에 들린 미역귀는 꽃송이 같았다. 실한 대궁이 끝에 갈색 꽃잎이 피어있었다. 꽃잎들을 헤치며 바다 속의 푸른 물결들이 수시로 드나들곤 했을 것이다. 그 소리를 귀 기울여 듣기 위해서였을까, 겹겹이 여울진 미역귀 사이사이로 주름이 깊었다. 마치 친구 부부의 삶처럼 말이다.

친구는 결혼 후 도시에 살면서 딸 하나, 아들 하나를 낳았다. 갈수록 생활이 어려워지자 친구의 고향으로 돌아왔다. 남편은 귀어하는 것이 엄두가 나지 않았단다. 식구들의 생활비와 동생들의 학비까지 그의 어깨에 얹혀있었다.

그때부터 낯선 어촌 생활이 시작되었다. 처음으로 바다에 발을 디딘다는 건 두려운 일이었을 것이다. 뱃사람들과 함께 그물을 다듬으며, 왁자지껄한 소리 하나하나에 귀를 쫑긋 세웠다. 바람소리와 파도소리, 아니 바다 속에서 들려오는 들리지 않는 소리에도 겹겹이 귀를 기울였으리라. 이제는 땅이 아니라 바다를 터전으로 살아야 하는 삶이었다.

바다 일은 생각보다 쉽지 않았다. 이른 새벽부터 배를 타고 먼 바다로 나가야 했다. 비가 내려도, 작은 배를 삼킬 듯한 바람이 불어도 바다로 나아가야만 하는 날들이었다. 그런 날이면 놀란 가슴을 말없이 술로 달래는 시간도 많았다고 했다. 아무리 몸이 힘들어도 이 생활을 이기지 못하면 더는 물러 설 곳이 없었다. 태풍 경보가 내릴라치면 귀를 곤두세우고 마치 벼랑 끝에 선 듯 바다를 바라보곤 했다. 어부로 산다는 건 저 경외스러운 바다 앞에 낮은 자세로 귀 기울이며 부지런히 살아가는 일이었을 것이다.

전날에 투척해 놓았던 통발로 잡은 고기는 위판장의 경매로 값을 받았다. 한푼 두푼 모은 돈으로 식구들 생활하기에도 바쁜 세월이 흘렀다. 그러나 바다는 자신의 품으로 찾아든 사람을 내치지 않았다. 부지런한 날들이 쌓이자 점차 생활이 안정되어 갔다.

마을에 젊은 사람은 몇 되지 않았다. 대부분의 주민은 노인들이었다. 친구의 남편은 읍내에 가기 위해 버스를 기다리는 어른들을 장터까지 모셔다 드렸다. 이웃의 경조사나 마을 일에 흔쾌하게 시간을 썼다. 사람들과 친밀하게 지내며 이웃집 속사정을 다 알 만큼 귀를 열어 놓고 사는 모습에 칭찬이 자자했다.

몇 달 전, 수산업 협동조합의 이사를 뽑는 선거가 있었다. 성실한 젊은 일꾼으로 인정을 받아 당당하게 당선이 되었다. 그 소식을 전하던 친구의 들뜬 목소리가 지금도 내 귀에 쟁쟁하다.

이제는 고생이 끝났다고 생각할 즈음, 친구에게 태풍 같은 일이 찾아왔다. 그날도 친구는 저녁을 먹고 동네 모임에 다녀왔단다. 이른 새벽에 바다로 나가야 하는 남편을 생각해 아이들 방에서 잠을 잤다. 아침이 되어 남편을 깨우다가 숨을 쉬지 않는 남편 앞에 기절하고 말았다. 밤새 안녕이라고 했던가. 말 한마디 하지 못하고 그렇게 먼저 하늘나라로 보내고 말았다.

떠나는 사람을 위로라도 하듯이 비가 내렸다. 습기 가득한 영안실에 도착한 나를 보고 친구는 절규하며 부르짖었다. 왜 하필이면 나에게 이런 일이 생기느냐며 울부짖다 쓰러졌다. 통곡하는 모습 앞에 가슴이 아리다 못해 짓이겨졌다. 서로 부둥켜안고 목 놓아 울었다. 나에게 굵은 주름이 잡힌 미역귀를 주며 행복해하던 그의 모습이 떠올랐다. 어떻게 이런 일이 생길 수 있을까, 심장마비라니, 정말 믿을 수가 없었다.

빈 배는 여전히 흔들리고 있다. 자신의 품에 깃들었던 한 사람이 떠났어도 바다는 깊고 푸르다. 이제는 친구가 그녀의 남편처럼 바다의 소리에 귀 기울이며 이곳에서 홀로 살고 있다. 저만치 보이는 친구의 집으로 발걸음을 옮긴다. 깊은 바다에서 미역귀들이 안부를 전하는지 큰 파도 하나가 철썩 뱃전을 때린다.

해송

"쏴~아!"

파도소리가 고혹적이다. 수평선 너머에서 푸른 눈의 인어가 조용히 내뱉는 숨소리 같기도 하다. 지난밤 밀물은 이 담벼락까지 밀려왔던가. 파란색 담벼락 아래에는 잠수하는 해녀의 그림이 그려져 있다. 우리 일행은 바다 속으로 들어가듯 파란 담벼락의 횟집으로 발걸음을 옮긴다. 평소에 가깝게 지내던 친구들과 함께 찾은 한낮의 대변항이다. 큰 해변이라는 뜻의 대변. 항구에는 수산물을 파는 가게들이 퍼즐처럼 즐비하다. 인생 별거 없더라고 외치는 친구들 틈에서 조금은 특별한 평일의 여가를 보내기로 한다.

횟집 창가에 앉아 출렁대는 바다를 바라본다. 초여름의 햇살이 창가를 분주하게 비춘다. 멀리 바라보니 저만치 작은 섬 주위로 짙은 녹색의 해송을 푸른 하늘이 아우른다. 해송은 허리를 구부려 파도소리에 귀를 기울이고 있다. 바다의 이야기를 하늘에 전하려는 것일까. 파도소리가 잦아드는 틈으로 간간이 창밖의 갈매기 소리가 들려온다. 바다가 고향인 나는 이 소소한 풍경에 마음의 인사를 나눈다.

바다를 향해 모여앉아 살았던 내 고향 마을에도 해송이 무성했다. 포구가 깊숙할수록 곶은 튀어나오기 마련이다. 낮은 산을 이룬 곶을 둘러치며 자란 해송들은 툭하면 파도의 갈기를 곤추세우며 내닫곤 하던 거친 바닷바람을 막아주었다. 막막한 바다를 앞에 두고 울 하나 없던 어촌마을에 해송 숲은 언제나 든든한 바람막이였다.

초등학교 1학년 때, 친구들과 함께 뒷산 맨 꼭대기에 있는 소나무 숲으로 나무를 하러 갔었다. 해안의 산기슭에 자리 잡은 숲길은 혼자 걷기 무서웠다. 가는 길목 군데군데 이름 모를 망자의 묘가 있었기 때문이다. 그 구간을 지날 때면 머리끝이 일어서는 것처럼 두려웠다. 마치 미로 속에서 쫓기는 기분이었다. 우리는 서로 손을 잡고 후다닥 묘지 앞을 지나쳤다. 그러다 해송 숲에 이르면 마음이 가라앉았다. 해송은 구불구불한 팔을 뻗어 우리를 안아주려는 것 같았다. 향긋한 냄새도 났다. 무서움은 어느새 사라지고 누가 먼저 더 많은 나무 땔감을 줍느냐에 정신이 팔렸다. 그런 우리를 내려다보며 해송은 툭툭 솔방울을 떨어뜨려 주기도 했다.

보통 소나무는 적송과 해송으로 나뉜다고 한다. 첫 싹이 났을 때는 구별이 가능하다고 하지만 좀 자라면 겉으로는 구별하기가 쉽지 않다. 적송은 나무 표면이 붉고 해송은 검다. 솔방울은 해송이 적송보다 조금 크다고 한다. 그러나 이런 종의 차이보다는 처해진 환경이 해송과 해송이 아닌 소나무를 구별하는 것일 게다. 육지의 끝에서 해가 뜨면 바닷바람을 마시고, 해가 지면 파도 소리에 잠들며 살아가는 소나무가 해송이다. 거친 바람에 살이 트고, 작열하는 햇볕에 검게 그을리는 나무다. 그리고 더 나아갈 곳 없는 경계의 끝에 뿌리를 내리고 구부러지고 틀어지면서도 결코 생을 포기하지 않는 나무가 해송이다.

마을의 중심에도 아름드리 해송이 자리 잡고 있었다. 언제부터 있었을까. 원래부터 존재했던 태양처럼 해송은 마을을 지키고 서 있었다. 허리에 새끼줄과 흰 천으로 금줄이 처진 채 바다를 향해 두 팔을 벌려 마을을 안고 있는 모양새였다. 해풍에 실려 오는 모든 액운을 온몸으로 막아주려는 모습 같았다.

누가 굳이 말해주지 않아도 자신의 처지가 해송의 처지와 다를 바 없다고 생각했던 것일까. 해송만큼은 자신들의 이야기를 귀 기울여 들어주리라 믿었는지도 모른다. 마을 사람들은 오며 가며 해송의 발밑에 돌을 쌓았다. 작은 돌멩이 하나마다 쏟아내고픈 가슴속 말들이 단단하게 새겨져 있었을 것이다. 끝없이 닥쳐오는 인생의 파도 앞에서 나약하기만 한 것이 사람이다. 굽은 해송 앞에 허리를 굽히며 온갖 복을 빌기도 했다.

특히 파도치는 바다로 남편을 내보내고, 어린 자식들을 돌봐야 하는 어머니들은 해송 앞에서 긴 시간 비손을 하곤 했다. 어렵게 우리를 키운 어머니도 해송을 찾아 두 손을 비비면서 치성을 드렸다. 그럴 때마다 해송은 마치 어머니의 마음을 안다는 듯 하나둘 솔방울을 떨어뜨렸다. 아직도 엄마는 고향을 지키고 계신다. 간혹 엄마를 찾아가는 길에 해송 앞을 지나칠 때, 떨어져 있는 솔방울을 본다. 그 시절 엄마의 눈물이 생각나 나의 눈가가 가볍게 떨려올 때도 있다.

마을에 큰일이 있으면 해송은 더욱 중요해졌다. 주위를 깨끗이 청소하고 새 허리띠를 매어주었다. 어느 날은 그 앞에 정성 어린 제수가 놓이기도 하고, 어떤 날은 하루 꼬박 전깃불을 켜 두기도 했다. 해송은 마을 사람들이 엄숙하고 세심하게 받드는 마을의 신령스러운 수호신이었다.

내가 어릴 적 나무를 하러 다녔던 길은 바닷가 해안선을 따라 군사 통제 구역이 되어 긴 세월 통행이 금지되었다. 지금은 사람들의 트레킹 코스로 사랑을 받는 블루로드, 그 길을 따라 푸르른 해송은 비릿한 갯내에 향긋한 자신의 향기를 섞어 삶에 지친 사람들의 마음을 여전히 위로해 주고 있다. 마을의 수호신인 해송은 지금도 변함없이 마을을 품고 있다. 예전처럼 마을 사람들이 많이 찾지는 않지만, 여전히 마을을 지키며 조금씩 늙어가고 있다.

해송은 나와 형제들이 태어나고 자란, 부모님의 땀과 눈물이 스며있는 곳, 이런저런 아픔이 많았던, 그리움 없이는 떠올릴 수 없는 곳에 언제나 함께 있었다. 내 인생의 첫 배경인 바닷가에는 구불구불 품이 넓은 해송이 있어 한결 아늑했었다. 고향을 떠난 후에도 간혹 힘겨울 때마다 비록 거친 표피와 굽은 등을 가졌지만 언제나 당당한 해송을 떠올리곤 했다.

"쏴~아!"

앞에서 흰색 원피스를 입고 있는 친구가 사이다를 따라주는 소리에 정신이 든다. 창밖에서 다시금 파도소리가 들려오고, 저만치 넓게 펼쳐져 있는 해송의 푸른 미소가 바닷바람에 나부낀다.

태양초

택배를 받았다. 직장 일에, 살림살이에 바쁜 막내딸을 위한 어머니의 김치다. 총각김치, 파김치, 빨간 고춧물이 든 비닐봉지를 펼치자 알싸한 고춧내가 사방으로 번진다. 분명 친정 텃밭 산 채소와 양념과 익숙해진 손맛까지, 어머니가 버무려 보내시는 김치는 내게 고향의 인증서와 같은 것이다.

칼칼하고 매운 향 때문일까. 괜스레 속이 헛헛해진다. 밥 때도 아니건만 김치를 유일한 찬 삼아 밥 한술을 뜨고 싶다. 흙물이 지워지지 않던 손으로 김치를 찢어 밥 위에 올려주던 어머니. 매일 김치냐고 반찬 타박을 하던 유년의 그때는 어머니의 김치야말로 성찬 중의 성찬이 되는 날이 있으리라는 것을 생각지도 못했다.

어머니께서 반평생을 바쳤던 고추 농사를 접으셨다. 토지구획정리사업의 일환으로 밭을 가로지르는 길이 나게 되었다. 팔순의 연세로는 버거운 일이라 자식들은 진즉부터 만류를 했지만 쉬 포기를 하지 못하시던 차였다. 그나마, 더 이상 어찌할 수 없다는 사실이 어머니를 고추밭에서 나올 수 있게 등을 떠밀어 주었다고나 할까.

마치 예견이라도 한 듯, 그 즈음 어머니의 무릎에 이상이 생겼다. 수술을 해야 한다는 의사의 진단이 있었건만 괜찮다는 말씀만 되풀이하셨다. 통증으로 인해 밤새 잠을 이루지 못한 날도 걱정마라며 손사래만 치셨다. 결국, 어머니는 우리 형제자매를 불효자로 만들고 나서야 고집을 꺾으셨다. 애지중지하시던 고추밭도 무릎 수술과 함께 어머니로부터 멀어져 갔다.

눈을 뜨기 무섭게 달려 나가시던 곳에 이제 더는 출근 도장을 찍지 않아도 된다. 뙤약볕 아래 야윈 잔등을 혹사시킬 필요도 없다. 장마나 가뭄에 안절부절 속을 끓이는 일과도 이별이다. 마음 같아서는 속박에서 벗어난 어머니를 향해 오두방정으로 축하를 드리고 싶건만 요즘 어머니의 심기는 그다지 편치 않아 보인다. 하긴, 50년 지기를 떠나보낸 마음이 오죽하랴. 어쩌면 오늘 받은 김치 속에 어머니의 아린 마음이 버무려져 있을지도 모르겠다.

농사일에 간단하고 편한 것이 있기야 하겠는가마는, 고추농사는 손이 여간 많이 가는 작업이 아니다. 발아를 시켜 모종을 준비하는 일에서부터 노심초사는 시작된다. 모종을 심고 지지대를 세우고 잔가지를 훑어 주며 허리 한번 제대로 펴지 못하는 시간이 이어진다. '진인사대천명'이라고 그 다음은 하늘의 몫이다. 태양이 얼마나 뜨겁게 내리쬐이는지가 농사의 승패를 좌우한다고 해도 과언이 아니다. 뿐인가. 정수리로 쏟아지는 불볕을 견디며 고추를 수확하는 일은 또 얼마나 힘겨운 노동인지.

그것으로 끝이면 얼마나 좋을까. 따 놓은 고추를 말리는 일 역시 만만찮게 까다로운 작업이다. 멍석에 고추를 펼치면서 본격적으로 태양과 손발을 맞추어야 한다. 어린 모종에 한껏 생명의 물을 올려주는 것도, 고슬고슬 그 물을 가셔내는 것도 태양의 몫이기 때문이다. 해가 뜨면 널었다가 해가 지면 거둬들여야 한다. 행여 태양이 게으름을 피우거나, 아예 파업이라도 선언하는 날이면 말 그대로 비상시국이다. 임시방편으로 안방을 내어주고, 그것도 못미더워 전기장판까지 주저 없이 대령한다.

당신의 몸속에 자식이라는 씨앗을 묻어 두고 오매불망하던 그때처럼, 지극정성을 쏟아부으신다.

그런들 무엇이 태양을 대신할 수 있으랴. 태양의 직격탄만큼 고추를 고추답게 만드는 것은 없다. 땡볕을 먹으면 고추는 더욱더 매워진다. 꼭지 부분이 황금빛으로 변하면서 최상품 태양초로 거듭난다. 그 과정에 일일이 어머니의 손길이 가닿았으니 발품인들 오죽 많이 팔았으랴.

그렇게 말린 고추를 손수 절구로 빻아 김치를 담가 보내시곤 했다. 팔순이 넘은 어머니가 담아 주는 김치를 앉은 자리에서 넙죽 받아먹으면서도 당연한 것쯤으로 치부를 했지 싶다. 이제 그만하시라고 입으론 만류를 하였지만, 어머니의 김치가 없더라면 우리 집 밥상이 꽤 초라했을 것이다. 종일 직장 일에 매달려 녹초가 되었어도 뜨신 밥에 김치 한 보시기면 어깨에 매달린 피로가 씻은 듯이 사라지곤 했으니.

수술 후, 시퍼렇게 멍들어 있는 무릎 위로 상처 자국이 선명했다. 사 먹는 게 훨씬 경제적인데 고추농사에 진을 빼셨다고, 자식들은 기세가 등등했다. 부실해진 무릎을 보면 괜스레 속이 상해 마음에 없는 말로 타박을 쏟아냈다. 고춧가루에 김치까지 넙죽넙죽 잘도 받아 챙겼으면서 마치 고추밭이 어머니의 다리를 망가트린 원흉인 듯 덤터기를 씌웠다.

 그렇잖아도 바쁘다는 말을 입에 달고 다니는 자식들을 병원까지 오가게 만들었으니. 어머니는 자식들에게 폐를 끼쳤다고 생각을 하셨는가보다. 한동안 죄 없이도 죄인처럼 자식들 눈치를 보시곤 했다. 자식을 낳아 보면 어머니의 마음을 안다는데, 이미 오래전 어미가 되었으면서도 왜 그리 철없게만 굴었는지.

 이렇듯 김치 하나로도 멀리 있는 자식을 가까이 다가앉게 만드는 어머니. 붉디붉은 태양초 속에서 금전처럼 노랗게 여물어 가던 씨앗처럼, 유년에도 중년의 희끗해진 지금에도 나는 어머니라는 이름 석 자에 의지하고 있었던가 보다. 문득, 세월로 퇴색되고 태양으로 맵싸해진 어머니의 삶이 갑옷처럼 든든하게 느껴진다.

 이제는 어머니의 태양초 김치를 만날 수 없다는 생각 때문일까. 헛헛함이 배가 된다. 하긴, 고된 농사일도 자식에게 나누어 주는 신명으로 버텨내신 분이니 허전하기로 치자면서는 어머니가 더 할 것이다. 파김치 한 줄기를 씹어본다. 맵지만 들큼하기도 한 고추향이 괜히 서럽다.

쑥부쟁이

 찻자리 꽃으로 연보라색 쑥부쟁이를 준비했다. 아침 산책길 양지바른 쪽에 피어있는 쑥부쟁이 꽃의 자연 그대로가 좋아서 자리를 옮겨 놓았다. 보면 볼수록 소박함과 가을을 함축하는 멋스러움이 있다.
 차 마시는 자리에 놓일 꽃장식을 차화, 찻자리 꽃이라 한다. 꽃은 얼굴이다. 아무리 잎과 가지가 조화롭다 하더라도 꽃을 매달고 있으면 표정이 달라진다. 다도茶道에서는 활짝 피어나 사람들을 맞이하고 있는 꽃의 형상을 화화和花라 한다. 닫혀 있는 마음을 열어 주는 꽃이라는 뜻이다. 차와 꽃과 사람이 어우러져 자연스럽게 속마음을 풀어낼 수 있도록 분위기를 띄우는 것이 내가 맡은 역할이다.

찻자리 꽃은 주로 계절 따라 피는 꽃이나 풀, 나무를 소재로 삼는다. 가을 속으로 햇살이 성큼 걸어 들어가는 오늘 같은 날, 쑥부쟁이만한 것이 있으랴. 다시 만나자고 약속했던 사람을 기다리다 지쳐 죽은 자리에 못 보던 연보랏빛 꽃이 피었다. 그리움에 지쳐서 넋이라도 나간 듯이 보인다하여 쑥부쟁이라 불렀다는 전설이 있다. 바람에 흔들거리는 보랏빛 애처로움 때문일까. 더구나 오늘 만나게 될 사람들은 생의 가을, 그 끝자락에 주소를 둔 분들이다. 들판에 지천으로 흐드러지던 쑥부쟁이처럼 세월로 피었다가 세월로 지고 있는 삶들이다.

오늘의 화두는 어르신들이 좀 더 연세가 들었을 때 누구와 함께 살고 싶은지에 대한 것이다. 절대로 자식과 살지 않겠다는 분, 버틸 수 있을 때까지 버티다가 힘에 부치면 요양병원에 들어가겠다고 하시는 분, 끝내 자식과 함께 살겠다고 하시며 그리움으로 눈자위가 촉촉해지시는 분, 어르신들의 대답은 각양각색이다. 누군가의 부모일 그분들의 속말을 듣고 있으려니 쑥부쟁이 꽃이 유난히 처연해 보인다.

친정어머니의 모습이 자꾸만 겹쳐진다. 유년 시절, 어머니는 뒤를 졸졸 따라다니는 내게 들판에서 자라는 산나물과 야생화의 이름을 가르쳐 주시곤 했다. 그때는 들에 지천으로 피는 꽃이 모두다 들국화인 줄만 알았다. 그런 나에게 쑥부쟁이라는 예쁜 이름을 알게 하신 분이 바로 어머니였다. 어쩌면 오늘 내가 쑥부쟁이를 선택한 것이 어머니 때문인지도 모르겠다.

5월의 어느 날, 건강하시던 아버지께서 건강검진을 받으셨다. 팔순이 넘은 나이에도 불구하고 고혈압이나 당뇨 같은 질병이 없던 아버지였기에 큰 걱정은 하지 않았다. 그런데 검사 결과, 직장암이라는 진단이 내려졌다.

연로하신 탓에, 수술을 해야 할지, 말아야 할지가 문제였다. 사남매가 머리를 맞대고 가족회의를 열었다. 아버지의 마지막을 고통 속에서 보내게 할 수 없다며 모두들 수술 쪽으로 의견이 모아졌다. 와중에 큰 오빠가 수술을 반대하고 나섰다. 수술이 잘못 될 수도 있다는 이유 때문이었다. 집안의 장남으로서 책임감이 더 무거웠던가 보다.

결국 모든 것을 당신이 책임지겠다며 어머니께서 나섰다. 설사 잘못되는 한이 있더라도 후회가 남지 않도록 수술을 받게 하겠노라고 하셨다. 다행히 수술 결과가 좋았다. 아버지는 하루가 다르게 회복을 하셨지만, 그래도 어머니는 행여 어느 자식이라도 마음이 상했을까 신경을 쓰셨다. 그 중에서도 장남을 염려하는 기색이 역력했다. 다른 자식들이 아무리 잘해 드려도 장남만 기다리는 눈치였다. 무엇이 어머니로 하여금 장남바라기를 하게 만드는지, 때로는 서운한 마음이 들 정도였다.

요즘은 안부 전화를 드릴 때마다 장남 걱정부터 하신다. 그저 형제간에 우애 있게 지내는 것이 소원이라는 당부 말씀만 마침표처럼 찍으신다. 어머니에게 장남은 어쩌면 첫사랑 같은 그런 존재인지도 모를 일이다. 끝없이 주고 싶고 한없이 생각하는 마음 앞에 그만 할 말을 잃어버리게 한다.

인간의 기대수명이 점점 길어지고 있다. 가끔은 어머니도 마지막을 의탁할 곳으로 요양병원을 들먹이신다. 자식들에게 짐을 지우기 싫다는 뜻일 게다. 노년이 되면 집안의 장남과 함께 사는 것을 당연시 해 온 어머니 세대다. 그런 어머니들이 요양병원을 이야기하고 끝내 홀로된 노년을 고집한다. 그러나 마음 속 깊은 곳에서 진정으로 원하는 것이 무엇인지 알 수 있을 것 같다. 다만, 그것을 당당하게 드러내 놓지 못하는 현실이 안타까울 뿐이다.

차 따르는 소리에 정신이 번쩍 든다. 웬만큼 속을 후련하게 쏟아내셨는지 어르신들의 표정이 조금은 상기되어 있다. 번잡한 세상을 읽고, 그 속을 살아가는 자식을 이해하고, 세태라는 매정한 분위기와도 타협하며 어르신들은 저마다의 노후를 보내실 것이다.

어느새 가을 햇살이 실내를 밝게 비춘다. 바람에 이리저리 흔들리며 피었다가 조용히 사라지는 꽃, 흔하다는 이유로 소중함을 인정받지 못하는 쑥부쟁이. 정물처럼 놓여 있는 소박한 꽃이 괜히 서럽다.

이번 주말에는 어머니를 찾아뵈어야겠다. 그간 타박하던 마음을 내려놓고, 어머니께 따뜻한 차 한 잔을 대접하고 싶다. 쑥부쟁이를 앞세워 꽁꽁 감춰둔 당신의 속마음을 가만가만 읽고 싶다.

해의 海衣

유난히 추운 겨울이었다. 거친 파도 소리는 자신을 쉽게 허락하지 않으려는 바다의 호령 같았다. 아무리 바다에 익숙한 이라도 선뜻 엄두를 낼 수 없을 만치 매서운 날, 엄마는 돌김을 따기 위해 집을 나섰다. 여러 겹으로 옷을 껴입기는 했지만, 냉기를 막기에는 허술하기 짝이 없는 채비였다.

돌김은 각종 해초와 함께 갯바위에 달라붙어 자란다. 그 모양이 옷자락을 펼쳐 놓은 것 같아서 바다의 옷, 해의海衣라고도 불린다. 농한기인 겨울에는 딱히 돈이 될 만한 일거리가 없었기 때문에 어촌마을 사람들은 너나없이 돌김에 매달렸다.

대부분의 마을 사람들은 직접 만든 도구를 사용해서 돌김을 채취했다. 맨손으로 작업을 하면 손이 바위에 긁혀 상처투성이가 되기 때문이었다. 앞부분을 철사로 단단하게 묶어 만든 김 걸개와 전복 껍데기로 바위에 붙어 있는 김을 벅벅 긁으면 짧은 시간에 많은 양을 딸 수 있었다. 그러나 그렇게 채취한 돌김에는 불순물이 있기 마련이었다.

하지만 엄마는 달랐다. 사람 손만큼 완전한 도구가 있으랴. 청정 해역의 갯바위에서 자연 서식하는 돌김을 최상품으로 만들기 위해서 힘들어도 도구를 사용하지 않는 것이 엄마만의 방식이었다. 온전한 돌김을 얻는 대신 엄마의 손은 상처투성이가 되곤 했다.

엄마가 대문을 나서고 얼마 지나지 않아 하늘은 점점 어두워지고 바람도 강해졌다. 초등학교 3학년이었던 나는 걱정이 되어 그냥 있을 수가 없었다. 바다가 잔잔한 날에도 미끄러운 갯바위는 위험한 곳인데, 엄마가 그 바람 속에 홀로 계신다고 생각하니 불안한 생각만 자꾸 일었다.

거센 바람을 맞서며 엄마가 계시는 형제 바위 근처까지 갔다. 바람을 업은 파도가 연신 때리고 가는 바위에 엄마는 작은 몸을 따개비처럼 붙인 채 일을 하고 계셨다. 바구니를 채우기 위해 고개를 숙인 엄마의 등 뒤로 파도는 점점 더 거칠어지고 있었다.

"엄마"하고 불렀더니 화들짝 놀라시며 어서 돌아가라는 손짓을 하셨다. 그러나 금방이라도 바다가 엄마를 삼켜 버릴 것만 같아서 발길을 돌릴 수가 없었다. 어쩌면 엄마는 바다보다도, 얼음장 같은 날씨 속에서 자신을 바라보고 있는 막내딸이 더 불안했을 것이다. 나를 안심시키려는 듯, 금방 일어선다는 말과 함께 집으로 가라고만 했다.

엄마는 아무도 찾지 않는 그런 날이 많은 수확을 할 수 있는 날이라 생각했을 것이다. 위험할수록 절호의 기회인 셈이었다. 그런 엄마를 비웃기라도 하듯, 덩치 큰 파도가 형제 바위에 부딪히며 하얀 포말로 부서졌다. 엄마도 더 이상 견딜 수 없었던지 주섬주섬 돌아올 준비를 하는 것 같았다. 그제야 나도 안도의 한숨을 쉴 수 있었다. 그런데 일어서는 순간, 엄마는 얼음장 같은 바위에 그만 엉덩방아를 찧고 말았다. 일순, 나는 가슴이 철렁 내려앉아 숨소리조차 낼 수가 없었다.

그날 엄마의 손바닥에 생긴 시퍼런 멍을 잊을 수가 없다. 아무리 어려운 형편이라 해도 자식들을 굶길 수는 없는 일이라고, 그 위험천만한 순간에도 끝내 돌김을 움켜쥔 손을 풀지 않으셨던 엄마. 돌김에서 네 자식의 밥이 나오고 육성회비가 나오던 시절이니 엄마가 그러쥐었던 돌김은 자식의 또 다른 이름이었을지도 모르겠다.

어렵사리 바다를 벗어난 엄마와 나는 크고 작은 선박들이 즐비하게 늘어선 부둣가를 지나 집으로 향했다. 따뜻한 아랫목이 그리워 발길이 빨라지던 나와는 달리 엄마는 아쉬운 표정으로 걸음걸음마다 바다를 뒤돌아보셨다. 바닷물인지, 눈물인지, 엄마의 눈가에 찐득한 물기가 번지고 있었다.

왠지 모든 게 슬프게 느껴졌다. 엄마도, 나도, 무섭게 포효하는 바다도…. 나는 그런 마음을 들키지 않으려 고개를 숙인 채 집으로 무작정 달렸다. 방으로 들어가 이불을 둘러쓰고 누웠다. 어느새 잠이 든 나는 부스럭거리는 소리에 눈을 떴다. 엄마는 쪼그려 앉아 묵묵히 돌김을 헹궈 틀에 넣어 돌이나 이물질을 골라내고, 돌김이 자리가 잡히면 건져 내는 작업을 반복하고 있었다. 그렇게 쉬지 않고 김발 위를 오고 가는 엄마의 손을 바라보면서 철부지 코흘리개였던 나는 철이 들어갔지 싶다.

그날 이후로 나는 돌김을 볼 때마다 형제 바위에서 엄마를 덮치던 거센 파도를 떠올린다. 평생 어촌에서 가난한 삶을 살아야 했던 엄마에게 파도는 벗을 수 없는 해의였는지도 모르겠다. 거칠고 차갑고 냉혹한 옷이었지만 그 옷을 입을 때야만 식구들의 생활을 해결할 수가 있었다. 선택의 여지가 없었던 옷을 엄마는 평생 입고 살아오신 셈이다.

밝고 화사한 색감의 고운 옷을 사드리고 싶었다. 엄마는 막내딸이 내어놓는 옷을 거친 손으로 쓸어만 보실 뿐, 선뜻 입지 않으시고 접어서 옷장 속에 도로 넣어 두셨다. 아직도 때가 아니라고 생각하시는 걸까.

오늘처럼 이따금 고향 집을 찾으면 나도 모르게 김발부터 둘러보게 된다. 마당 한구석에서 엄마처럼 김발도 나이를 먹어 가고 있다. 쉴 새 없이 김발을 돌보는 엄마 옆에서 함께 볕 바라기를 하며 돌김이 꾸덕꾸덕 말라간다. 이제 그만 해의를 벗어도 좋으련만, 세월이 흘렀어도 엄마가 만들어 내는 풍경은 변함이 없다. 어쩌면 부지런함이 몸에 배어 버린 엄마의 손이 쉬는 방법을 잊어버린 게 아닐까 싶은 생각마저 든다.

"돌김 한 번 뒤집어 줘라."

엄마의 목소리에 정신이 번쩍 든다. 내가 옛 생각에 넋을 놓고 있는 것을 아시는지 모르시는지 여전히 생기 있는 목소리다.

바다가 유난히 푸른 아침이다. 수평선을 넘어오는 비릿한 갯내와 소금기를 머금은 바람이 마당가를 서성인다. 하늘에는 갈매기 몇 마리가 그림처럼 형제 바위를 향해 비상 중이다. 오늘따라 형제 바위에 잠겨 있는 해의는 볕바라기를 하는 엄마처럼 평온하다.

제2부 숲길을 거닐다

외나무다리

    육지에 섬이 있다. 소백산을 휘감아 도는 낙동강의 지류, 내성천의 한가운데에 자리 잡은 무섬 마을이다. 물 위에 떠 있는 섬이라 하여 무섬이라는 이름이 붙여졌다. 물이 가위가 되어 연꽃 모양의 매끄러운 지형을 오려내고 있어서 연화부수형蓮花浮水形의 길지로도 알려져 있는 곳, 영주군 문수면의 수도리다.

    누운 여인의 실루엣처럼 유려한 곡선을 자랑하는 긴 다리가 마을까지 이어져 있다. 폭이 한 뼘이나 될까한 상판을 받치고 서 있는 교각들은 차나무처럼 나지막하다. 귀엣말을 주고받듯 다가앉은 교각들이 빠른 물살을 견디며 서로를 묵묵히 격려하는 풍경이 따뜻해 보인다.

    '조심조심 오시소.' 키 작은 교각들이 살가운 인사를 건네 온다. 우뚝 선 콘크리트 다리가 '빨리 그리고 안전하게'라는 결과를 추구한다면 이곳 무섬마을의 외나무다리는 느리지만 한 발 한 발 건너가는 과정 자체를 즐기게 만든다. 간만에 분주하던 마음을 내려놓고 발품을 팔아 볼 여유가 생긴다.

외나무다리를 건널 때에는 정신의 때를 벗어버리고 가야 빠지지 않는다고 한다. 산다는 이름으로 내 안에 자리 잡은 삿된 마음을 가셔내고, 시계추처럼 덜렁대는 욕심도 내려놓고 나서야 바람처럼 가벼이 지나갈 수 있다는 말이리라. 그래서일까. 물에 비친 내 모습을 자꾸 내려다보게 된다. 다리가 후들거리지만 걸음을 내딛을수록 가만가만 마음의 평정이 찾아든다.

바람결을 타고 어디선가 풍물 소리가 들려온다. 눈으로 소리를 따라가 보니 흰옷을 입은 한 무리의 사람들도 보인다. 전통문화 행사의 일환으로 상여행렬을 재현하는 중이란다. 마을 사람들의 고단한 삶을 위해 제 등을 아낌없이 내어 주었던 다리가 망자의 마지막을 배웅한다. 살아 수없이 드나들었던 다리 위에서 망자는 바람처럼 훠이훠이 육신을 저어간다.

좁디좁은 외나무다리 하나가 세상과의 유일한 통로였던 시절, 저렇듯 다리는 산 자도, 죽은 자도 말없이 실어 날랐을 것이다. 망자의 저승길을 인도하는 상여소리가 처연하기 그지없다. 그 소리가 아스라한 유년의 추억 한 자락을 떠올리게 한다.

"아이고 어메, 우리 어메, 아이고, 아이고…"

하얀 광목 띠로 상여를 둘러 맨 상여꾼들의 발길을 부여잡고 어머니께서 대성통곡을 하셨다. 이승에서의 마지막 조반을 차려 올리느라 새벽부터 눈물범벅이던 어머니였다. 화려해서 더 슬프던 꽃상여, 어머니의 몸부림을 따라 울긋불긋 원색으로 치장을 한 꽃상여가 출렁거렸다. 봇물처럼 터지는 딸의 눈물과 오열을 밟고, 외할머니께서 삶의 오랜 터전이었던 집을 영영 떠나시는 순간이었다.

"땡그랑, 땡그랑"

영혼이 길을 잃지 않도록 육신이 가는 길을 알려주는 등불처럼, 요령잡이가 흔드는 종소리는 그날따라 청아했다. 아직도 수더분한 무채색으로 남아 있을 만치 소박하던 것이 할머니의 삶이건만, 그날만은 온통 원색으로 치장을 한 가마에 몸을 실으셨다. 어쩌면 생전에 단 한 번도 누려보지 못하셨을 호사였다. 종이꽃에 눈물꽃까지, 맑은 종소리를 앞세우신 외할머니의 길은 꽃 천지였던 셈이다. 상여를 뒤따르며 죽음의 의미도 모른 채 눈물바람을 했던 그때가 아직도 선연하다.

　죽음의 실체를 목격한 것은 초등학교 1학년 때였다. 그해 여름에는 마을을 집어삼킬 듯 거센 태풍이 자주 불었다. 그날도 심상찮은 바람의 기척으로 작은 포구는 아침부터 부산했다. 마을 사람들은 재산목록 1호였던 어선들을 마을 골목까지 피신시켰고, 순간순간 바람과 탐색전을 벌이느라 여념이 없었다. 보이지도, 만져지지도 않는 바람이 마을의 생사여탈권을 쥐고 있는 상황이었다. 그 와중에도 철딱서니 없는 아이들은 바다를 분탕질치는 바람을 업고 파도타기 삼매경에 빠져 있었다.

　동네 어른들은 위험하다고 야단을 치셨다. 바다를 친구로만 알았던 우리는 어른들의 눈을 피해 깔깔거리며 밀려오는 파도를 향해 돌진했다. 하얗게 부서지는 물보라 속에서 마냥 신바람이 났다.

　얼마나 지났을까. 갑작스런 비명에 뒤를 돌아보았더니 성난 파도가 친구 두 명을 휩쓸고 있었다. 순식간에 일어난 상황이었다. 바다는 오로지 재미있는 놀이터였을 뿐, 바다 속에 숨겨둔 또 다른 얼굴이 있으리라고는 생각지도 못하던 차였다. 울고 소리치고 발을 동동 구르며…. 아비규환이 따로 없었다. 결국 바다의 위력 앞에 친구 하나가 영영 돌아오지 못할 곳으로 떠나고 말았다.

멀어지는 친구의 마지막은 내게 오랫동안 풀어야 할 숙제였다. 절박했던 그 순간, 두 눈을 찔끔 감아버렸던 것이 내내 죄의식으로 남아 있다. 강산이 몇 번씩이나 바뀌었을 세월 속에서도 그날의 기억은 이따금 빚쟁이처럼 내게 손바닥을 내밀곤 한다. 친구는 떠났지만 내 마음 속에서는 아직도 친구를 편히 보내지 못했던 셈이다.

어느덧 상여행렬은 다리의 끝자락을 지나가고 있다. 상여꾼들의 노랫가락도 더없이 구슬프다. 혼자서도 아슬아슬 진땀이 나던 외나무다리를 여남은 명 상여꾼들이 잘도 건너간다. 거센 물살을 발아래 두고서도 한 마음, 한 몸인 듯 흔들림이 없다. 삶의 마지막 길을 굳건히 지켜주는 이들이 있어, 아슬아슬한 외나무다리 위에서도 망자의 영혼은 더없이 안온하겠다.

여태 그러했듯이, 가까운 이들이 하나둘 나를 떠나갈 것이다. 나 또한 사랑하는 이들의 곁을 영원히 지키지는 못하리라. 삶이라는 현실을 딛고 선 채 죽음이라는 추상명사를 체험하는 이 순간, 내가 딛고 선 오늘이라는 시간이 뚜렷이 보인다. 새삼

스레 삶에 대한 전의를 다시 한 번 다지게 된다.

숱한 만남과 이별의 정한을 속속들이 품고 있을 외나무다리. 희미해진 상여소리가 외나무다리를 밝히고 있다. 군더더기처럼 나를 어지럽게 하던 오만가지 잡다한 생각들을 멀어지는 꽃가마에 실어 보낸다. 마을을 되돌아 나오는 다리 위로 시월의 강바람이 신산하다.

극과 극은 통한다는 옛말이 그르지 않은가 보다. 죽음을 진중하게 들여다보니 삶이 환하게 불을 켜던 하루였다.

2인용 자전거

여름휴가다. 속초의 낭만 가도를 지나 영랑호 공원에 들어선 참이다. 거리가 멀어 평소에는 쉬 마음을 낼 수 없는 곳이라 출발부터 기대치가 상당한 여행이다. 운전대를 잡은 남편 옆에서 조잘대느라 지루함을 모르고 달려왔다.

숙소를 찾아 짐을 푸는 와중에도 나는 연신 창을 통해 호수를 넘겨다본다. 물은 물이되 익숙하던 바다와는 또 다른 느낌의 물이다. 고요하고 아늑한 호수는 피서객을 맞이하느라 분주해 보인다. 호수와 사람이 만들어내는 활기찬 풍경 속으로 나도 성큼 들어서고 싶어진다.

영랑호의 유래는 이렇다. 신라 때 화랑 영랑이 무술대회에 참가하기 위해 지나가던 길에 호수의 풍경에 도취되어 출전마저 잊은 채 풍류를 즐겼다고 한다. 그 후 화랑 영랑의 이름을 따 영랑호라 부르게 되었다.

호수를 지나가는 차들이 별로 없다. 일방통행이라 풍경을 감상하며 걷거나 자전거를 타기에 안성맞춤이다. 둘레 8㎞, 걷기에는 좀 버거운 거리라 우리 부부도 자전거를 빌려 타기로 한다. 이왕이면 2인용 자전거로. 지금까지 자전거도 안 배우고 뭘 했느냐며, 앞에서 힘껏 페달을 밟는 남편의 핀잔이 살짝 서운하기는 하지만 그럴수록 남편의 허리춤을 다부지게 붙든다. 휘휘 늘어진 수양버들 사이로 햇빛을 받은 호수는 은빛 윤슬을 카펫처럼 펼친다. 눈보다 마음이 더 부시는 풍광이다.

한여름의 땡볕 아래 자전거 페달을 힘겹게 밟고 있는 우리의 모습이 왠지 낯설지 않다. 좌충우돌, 파란만장, 지난날 우리 부부가 함께 걸어온 삶과 닮은 듯하다. 꼬깃꼬깃 접어 두었던 기억들이 하나둘 펼쳐진다.

신혼 때였다. 남편은 아침밥을 안 먹는 습관이 있었다. 반대로 나는 그 어떠한 일이 있어도 아침은 먹어야 했다. 서로 다른 습관 때문에 호흡을 맞추기가 쉽지 않았다. 부모의 품 안에서 벗어나고 보니 막상 어떻게 살아야 하는지부터 막막했다. 맞벌이하느라 딸아이는 돌이 지날 때까지 친정에 맡겨두고 있었다. 아이를 낳아 부모가 되었어도 죄 모르는 것 투성이였던 우리는 결국 친정 언니의 손을 빌려 직장과 육아라는 만만찮은 현실을 헤쳐나가야 했다. 그래도 사랑이라는 달콤한 윤활유 덕분인지 어려워도 어려운 줄 모르고 신명 나게 자전거 페달을 저어나갔던 시절이었다.

그즈음부터 우리에게 서서히 오르막이 펼쳐졌지 싶다. 넉넉하지 못한 살림에다 막내 시누이의 대학 학비까지 감당하느라 버거웠다. 생활이 휘청거릴 때마다 나는 착하게 살아야 한다는 친정어머니의 말씀을 되뇌었다. 어쩌면 착한 여자 콤플렉스에 걸렸던 것인지도 모르겠다.

IMF가 시작되던 무렵이었다. 그 당시 나는 다니던 병원에서 노동조합 활동을 하고 있었는데, 그것 때문에 남편이 직장에서 퇴출당하는 사건이 생겼다. 병원 이사장이 남편이 다니고 있던 직장의 경영주였기 때문이었다. 마누라를 조합원에서 **빼내라**는 압력에도 불구하고 남편은 꿋꿋하게 나의 편을 들어 주었다. 그 결과 이렇다 할 항거도 못 해본 채 남편은 하루아침에 백수가 되고 말았다. 부당했던 일들 앞에 가슴이 조여 오며 마음이 아팠다.

　남편은 괜찮다고 했지만 나는 자꾸만 미안한 마음이 들었다. 친정에서나 시댁에서나 죄인으로 내몰리는 기분이었다. 핑계 삼아 조금 쉬라고, 아무렇지 않은 척 이야기를 했지만, 남편은 여기저기 이력서를 내며 다시 가장다운 가장의 자리를 되찾기 위해 고군분투했다. 쉬지 않고 아르바이트 자리를 구했고, 주위에서 성실하고 심성이 곧다는 평을 받던 남편은 새로운 일에서도 차근차근 능력을 인정받기 시작했다. 우리의 자전거가 딸각 고개를 넘어가던 때였다.

　잠시 일했던 주유소의 아르바이트 자리에서 직영 주유소의 소장까지 승진했다. 매일 대연동에 있는 본사를 들락날락하며 점점 내게 쥐여주는 돈의 단위가 커지기 시작했다. **빠듯한** 살림살이에 숨통이 트이기는 했지만 많은 시간을 돈 버는데 투자를 하는 남편이 마뜩잖았다. 곁에서 지켜보는 남편의 모습이 안쓰럽기 그지없었다.

　살다 보면 나름의 고난을 겪지 않은 이가 없다고 하지만, 때로는 그 고난 때문에 사람이 변하기도 한다. 어느 날부터인가 세월이 흐르는 만큼 돈 앞에서 변해 가는 남편의 얼굴을 보게 되었다. 예전에 알고 있던 순수한 남편의 모습이 아니었다. 손에 쥔 모래알처럼 맑은 영혼이 빠져나가고 있는 것 같았다.

그러던 중 사업을 한번 해보겠다며 의중을 털어놓았다. 그런 남편이 잔뜩 부풀어 있는 풍선처럼 위태로워 보였다. 나는 남편을 향해 마누라와 사업, 둘 중에 한쪽을 선택하라고 선언을 해 버렸다. 이혼까지 운운하며 절대로 물러서지 않았다. 그 후 퇴출의 걱정이 없는 공무원이 되기까지 우리 부부의 자전거는 삐걱거리며 험난하고도 고단한 시간을 건너왔다.

"힘을 좀 더 줘서 페달을 밟아 봐."

거친 숨소리와 함께 들려오는 남편의 목소리에 귀가 번쩍 뜨인다. 시늉만으로 페달을 돌리고 있던 발에 힘을 준다. 남편만 옆에 있으면 세상의 어떤 고난도 문제없을 거라 믿었는데 문득 바라보는 그의 등이 조금은 왜소해 보인다. 하긴, 누군들 세월을 피해 갈 수 있으랴.

영랑호의 저물녘을 뒤돌아보며 과거라는 블랙홀에서 벗어난다. 2인용 자전거의 추억이 보태진 탓인지, 어느 멋진 날에 꼭 다시 오고 싶은 곳으로 호수의 풍경이 각인된다.

숲길을 거닐다

바람이 분다. 백제의 한이라도 서린 듯 매서운 꽃샘바람은 옛 신라에서 찾아온 여인의 몸을 몹시도 움츠리게 만든다. 시퍼렇게 멍이 든 백마강을 따라 걷는 동안 꽃잎처럼 가벼이 몸을 날렸다는 백제 여인들의 모습이 걸음걸음 밟힌다.

어느덧 부소산성 낙화암 정자다. 시린 바람에 처연히 서 있는 백화정의 천년송은 나라의 명운을 짊어지고 마지막 결전을 기다리는 장수인 듯 의연하다. 그러나 바람이 칼이런가. 찬바람이 가지 사이를 스치자 한날한시에 무참히 쓰러져간 장졸들과 나라를 잃어버린 백성들의 애끓는 넋을 위로하듯 천 년을 묵은 소나무도 구슬프게 울어댄다. 암울했던 그 자리에서 700년 백제 사직의 흔적을 더듬는 내 마음속으로 그들의 웅혼한

울림이 고스란히 전해져 온다.

　백제는 멸망 직전까지 신라와 적대관계에 있다가 나당 연합군에 의해 패망했다. 역사란 승자에 의해 기록되는 까닭에 찬란했던 백제의 문화는 모두 땅속에 묻히고 파괴되어 버렸다. 오랜 세월이 흐른 지금까지도 유독 백제의 유물들은 세상에 모습을 제대로 드러내지 못하고 있는 형편이다. 그래서일까. 백제 터의 곳곳에서는 땅을 파서 유물을 발굴하고 역사를 재정립하기 위해 땀 흘리는 사람들을 심심찮게 만날 수 있었다. 잠자던 백제의 역사를 바르게 인식하고자 하는 그들이 있어 풍성한 백제의 문화유산들이 빛을 발할 날이 머지않으리라.

　옛 백제 왕자들의 산책로가 울창한 소나무 숲 사이로 가르마처럼 이어진다. 제3회 아름다운 숲, 전국대회에서 우수상을 받은 길이다. 뜨거운 여름에 왔더라면 맨발로 흙길을 거닐고 싶을 만큼 고즈넉하고 조용해서 사색하기 좋은 곳이다. 휴식과 쉼표가 있고 백제의 지혜와 기를 받을 수 있는 태자골 숲길에 서니 몇 해 전 범어사 템플스테이 프로그램 '나를 찾아 떠나는 여행'에 참여했던 일이 생각난다.

　사추기라던가. 그즈음은 내 생애에 두 번째 찾아온 사춘기였다. 열댓 살의 아이들처럼 내가 누구인지 혼란스럽기 그지없었다. 나의 정체성에 대해 끊임없이 질문을 던지며 남모르게 나를 달구었던 것이 바로 삶의 절반쯤을 지나던 그때였다.

걸음을 잠시 멈추고 그때를 뒤돌아본다. 앞만 보고 달렸던 시기였다. 오늘이 어제와 다를 바 없는 삶을 살다 보니 앞도 옆도 잘 보이지 않았다. 직장생활을 하며 문학치료사로, 차 문화치료사로 학생들을 만났다. 그 와중에 사이코드라마의 디렉터로도 분주하게 뛰었다. 수없이 만나게 되는 타인의 삶 앞에 서니 궁극적으로 나는 무엇을 위해 이토록 열심히 살고 있는지에 대한 질문이 찾아왔다. 결국 해답은 외부에 있는 것이 아니라 내 안에 있는 것임을 그때는 알지 못했다.

바쁘게 살아가는 삶 속에서 나 자신의 노예가 되어 자유를 상실하며 살고 있는지도 모른다는 생각이 들었다. 내 안의 나를 찾아보자고 결심했다. 개인적으로는 처음 하는 사찰 체험이기에 조금은 두려운 마음으로 템플스테이의 문을 두드렸다. 일주문을 들어서는데 "너는 누구냐."고 창검을 휘두르며 다가온 범어사 사천왕 같은 거친 바람이 불었다.

발우공양을 하며 평소에는 아무 생각 없이 먹는 음식조차도 수행의 한 부분임을 배웠다. 자신을 한없이 낮추고 겸손의 뜻을 담아 올리는 108배는 본질을 찾아가는 참선의 경지를 넘나들게 하였다. 뚝뚝 굵은 땀방울이 무릎으로 떨어지고 몸 하나 지탱하기도 힘들어 쓰러질 것 같았던 시간들. 그때야말로 내 안의 욕망으로 가득한 본성을 내려놓아야만 하는 시간이었다. 그 순간 겸손이라는 단어는 분노라는 감정을 집어 삼켜버렸고, 다만 살아 있음에 감사한 마음이 차올랐다.

천지 만물의 모든 것들을 흔들어 깨우며, 힘과 역동과 잔잔함의 어우러짐 속에서 나를 찾아 떠나는 여행. 그런데 도리어 나는 없어지고, 우리만이 존재하는 공동체 안에서 상대를 배려하는 마음이 무엇인지를 어렴풋이나마 깨달을 수 있었던 시간이었다. 지난 세월의 수많은 영욕을 품어야만 했던 태자골 숲길, 모든 것을 수용하는, 경계 없는 마음을 이곳에서 떠올린다.

백마강 강바람이 가파르지 않은 태자골 숲길의 능선을 타고 거세진다. 태자골의 바람이 한 걸음 한 걸음 나를 백제의 품속으로 인도한다. 백제의 넋이 부드러운 손길로 내 마음을 평안으로 이끈다. 넉넉하고 온화한 태자골 숲길이다.

우리나라 산성 중에서도 숲이 많은 곳이 부소산성이다. 그냥 숲길을 걷는 자체만으로도 뻥 뚫리는 가슴을 만난다. 고란초 약수를 한 잔 마시면 삼 년씩 젊어진다는 전설을 보듬고 남편의 얼굴을 마주 본다. 바위틈에서 샘솟는 약수를 서로 떠주면서 환하게 웃어도 본다. 남편이 선택한 백제 역사탐방이 각별한 느낌으로 다가온다.

성곽을 따라 가볍게 숲길을 거닐며 소나무 특유의 향기를 들이마신다. 부소산성 숲에는 우리 토종 소나무들이 기세등등하게 자리 잡고 있다. 알고 보니 지나치게 큰 참나무들의 가지를 어느 정도 가지치기를 함으로써 소나무와 참나무가 함께 자랄 수 있도록 관리를 한다고 한다. 백제 시대 식량이나 무기를 보관했던 유적과 백마강의 경관을 즐기는 두 가지 즐거움이 있는 부소산성이다. 게다가 아름다운 숲길이 있어 더욱 깊고 은은한 분위기를 자아낸다.

숲은 생각보다 넓다. 길이 끝나려나 싶으면 또 다른 길이 나온다. 적어도 하루 정도의 여유를 가지고 천천히 걸어야 걷는 길마다 느낌이 다름을 알 수 있다. 거친 흙길을 지나 어느덧 정문에 도착한다. 자연스럽고 부드러우며 아름다운 숲 태자골에서 백제인들의 잔잔한 미소와 온화함에 내 마음을 잠시 내려놓는다.

  여행, 그 명상의 숲길에서 삶의 여유와 작은 쉼표를 만난다. 삶이라는 역사는 태자골의 길 만큼 길고도 깊은 것 같다. 부여, 그 숲길에 바람이 흩어진다.

삼곡자세

　동굴은 푸른빛으로 찬란한 세상에 돌연 뚫어놓은 커다란 구멍 같다. 화사하게 번지기만 하던 오월의 햇살이 조심스레 발걸음을 멈추는 서늘한 허공이다. 저 피안의 세계에서 속세가 궁금했던 것일까. 그래서 부처들은 마치 침 묻은 손가락으로 창호지를 뚫듯 억겁의 세월을 뚫은 것일까. 아득하게 드높은 팔공산 북쪽 기슭, 깎아지른 절벽의 동굴 안에서 세 부처가 세상을 내다보고 있다.

　부처는 세상이 궁금하고 대중들은 부처가 궁금했을 터이다. 사람들은 지상에서 20m 높이의 자연암벽 동굴까지 한 걸음씩 돌계단을 놓았다. 허공으로 올라가는 걸음이 흐트러지지 않도록 난간도 설치했다. 하지만 입구의 철문은 잠겨있다. 초파일

단 하루만 개방한다고 한다. 형형색색의 연등이 바람에 흔들리고 있건만 며칠 이른 탓으로 저 허공에 발을 디딜 수는 없다. 그저 백천강 자락을 가득 채운 모란의 향기가 나를 대신해 돌계단을 오를 뿐이다.

애초 이번 여행에 큰 기대가 있었던 것은 아니었다. '군위'라는 지명 자체가 낯설었다. 옛 신라의 군사기지였으며 인각사에서 일연스님이 삼국유사를 집필했다는 말을 들었을 때는 괜히 호연지기가 느껴지기는 했다. 그 삼국유사가 일제의 수탈에 의해 아직도 일본에 있다니 어찌 강분하지 않을까. 그리고 제2의 석굴암 이야기를 들었을 때야 비로소 약간의 궁금증이 일었다.

버스는 하천이 흐르는 평화로운 들판을 달리다 오른쪽으로 꺾어 든다. 경상북도 군위군 부계면에서 국보 제109호 '군위 아미타여래삼존 석굴'을 만난다. 인공 석굴인 석굴암보다 1세기 정도 연대가 앞선다고 한다. 규모가 작기는 해도 경주 토함산 석굴의 모태가 되는 선행양식인 셈이다. 늦게 발견되고 세간에 늦게 알려지다 보니 제2의 석굴암이라는 다소 억울한 이름을 얻게 되지 않았나 싶다.

문화관광해설사는 자부심이 가득 담긴 목소리로 설명을 계속한다. 본존불인 아미타불에는 위엄이 서려있다. 눈을 들어보니 가사 자락의 주름조차 가지런하다. 허리를 곧게 펴고 미동도 없는 자세가 근엄하기 짝이 없다. 본존불 좌우로는 대세지보살과 관세음보살이 시중을 들고 있다.

본존불 우측에 있는 관세음보살에게 자꾸만 눈길이 간다. 작은 불상과 정병이 새겨진 관을 쓰고 있다. 가슴 앞에는 목걸이를 걸치고 팔에는 팔찌를 끼고 있다. 옷은 길게 U자형의 주름을 그리면서 내려와 있는 모습이다. 자세히 보니 자세가 조금 남다르다. 목, 허리, 다리의 세 부분을 비틀고 있는 것이 예사롭지 않다. 신체의 굴곡이 여실히 드러나 보인다. 완벽한 에스라인의 몸매에 어울리는 신체 비례에 눈이 부시다. 문화관광해설사의 말에 의하면 삼곡자세라고 한다.

인간은 직립 동물이다. 척추를 세우기 위해서는 힘이 들어갈 수밖에 없다. 우선 무릎을 펴고 허리에 힘을 주며 일어선다. 그리고 목을 세워 머리를 든다. 직립자세이다. 비로소 두 팔의 자유를 얻은 인간은 비약적인 발전을 이룬다. 스스로를 만물의 영장이라 믿을 만큼, 인간을 곧추서게 한 그 힘은 인간세상을 관통하는 최고의 가치로 면면히 이어져왔다. 다만 시대에 따라

원시적인 힘에서 잉여생산물, 무기나 이데올로기, 오늘날에 와서는 돈이라는 무소불위의 힘으로 그 형태를 달리할 뿐이다. 인간은 굽히지 않기 위해 힘이 필요한 것인지도 모르겠다.

그런데 삼곡자세라니. 그것도 부처의 반열에 오른 관세음보살이 말이다. 무릎이며, 허리며, 목이며 다 힘을 빼고, 굽힐 수 있는 부분은 다 굽힌 모습이다. 곡선이 출렁이는 그의 몸은 유연함으로 가득해 보인다. 마음만 먹는다면 지금이라도 돌계단을 날렵하게 내려설듯하다. 천년이 넘도록 서있었어도 그의 관절들은 조금도 삐걱대지 않을 것 같다. 힘이 빠져있으니 그 어디에 반동이 생길 것인가. 문득 초여름 따끈한 햇살에 옥죄었던 마음이 탁 풀어지는 느낌이다.

어디 몸에만 관절이 있을까. 살아갈수록 생각의 관절들은 굳어만 갔다. 경험이 타성이 되고, 타성은 아집이 되었다. 언젠가부터 친구들 사이에서 의견 충돌이 일어나면 나는 끝까지 나의 주장을 굽히지 않았다. 심지어 나를 아끼는 마음에서 건넨 따끔한 충고마저도 비난을 받았다는 생각이 들곤 했다. 늘 딱딱한 어조로 빈틈을 보여주지 않으려고 했다. 그러다보니 인간관계는 극도의 긴장상태의 연속이었다.

한때 심리치료를 기웃거리기도 했었다. 그 와중에 사이코드라마를 만났다. 디렉터의 이끌림에 따라 무대 위에서 삶이라는 드라마의 주인공이 되었다. 자기를 온전하게 비춰 볼 수 있는 거울 앞에 서있는 나 자신이 보였다. 한없이 깨지고 부서지고 스스로를 낮추는 작업이 계속되었다. 때로는 힘을 빼는 것이 더욱 어렵다는 것을 알게 되었다. 서서히 생각의 관절에서 힘이 빠지고 자신을 조금은 굽힐 수 있게 된 특별한 경험이었다.

삼곡자세를 따라 다소곳이 자세를 잡아 본다. 세상의 이치가 어렴풋하게나마 보였으면 하는 간절한 마음이다. 하지만 채 일 분도 되지 않아 눈앞이 막막해지고 얼굴에서 식은땀이 흐른다. 여전히 쉬운 일이 아니다. 상대방을 배려하고 인정하면서 수용하는 자세가 곧 삼곡자세가 아닐까라는 생각을 해 본다. 존중과 자존의 문화는 너와 내가 유연한 태도로 함께 만들어 가는 것이리라. 삼곡자세를 하고 나를 내려다보는 관세음보살의 은은한 미소가 새삼 가슴 깊이 각인되는 순간이다.

겨울 토함산에서

　여행을 떠난다. 일 년에 두 번 정도 연중행사처럼 떠나는 여행이다. 오랜 친구들과의 해후 겸, 이번 목적지는 신라 천년의 역사를 고스란히 간직한 경주로 정했다. 경주에 간다고 생각하니 짙은 운무가 산허리를 감아 돌며 마치 한 폭의 동양화처럼 수더분한 품새를 자랑하는 토함산이 제일 먼저 떠올랐다.

　오랜만에 직행버스를 탔다. 뒷좌석을 차지한 중년의 여인들이 나지막이 입을 모아 부르는 노래가 여행의 흥취를 한층 돋운다. 무엇이 그리 좋은지 이따금 까르륵거리며 풀어 놓는 웃음소리도 끊이지 않는다. 그들에게서 보이지 않는 에너지가 건너온다. 묵지근한 일상을 잠시 털어내고 만나는 오늘은 분명 어제와 다를 듯하다.

달리는 차창을 통해 바라본 경주는 깔끔하게 정비되어 있다. 야트막한 담장과 날렵한 곡선미를 자랑하는 한옥의 지붕, 그리고 즐비하게 늘어선 능과 능, 온통 직선으로 날카로운 여타의 도시와 달리 경주가 자아내는 부드러운 곡선에 마음까지 눅지근해진다. 때문일까. 언제 봐도 신라의 고도 서라벌은 절로 경건한 마음으로 나를 추스르게 만드는 묘한 매력이 있다.

"어머, 어쩜 너는 그대로니?"

참말 같은 거짓말을 아무렇지도 않게 날리며 친구들과 둘러 앉는다. 빈말이라도 기분은 좋다. 서로의 안부를 묻고, 고민을 털어놓고, 실없이 객쩍은 농담까지 주저 없이 읊조리느라 다들 목청이 높아진다. 흔히 하는 말대로라면 접시 몇 개는 족히 깨어져 나갈 수다 삼매경이다. 산의 정경이 훤히 내려다보이는 토함산 중턱의 식당에서 까마득히 멀어진 추억 속을 오가며 먹고 떠들어 대는 동안 두어 시간이 훌쩍 지나간다.

자리를 털고 나오니 어느새 싸락눈이 제법 무성하게 흩뿌리고 있다. 궂은 날씨에도 불구하고 우리는 삼삼오오 석굴암을 향해 걸음을 옮겼다. 1996년 유네스코 세계문화 유산으로 지정된 석굴암의 옛 이름은 '석불사'다. 석굴이라는 이름처럼 돌을 파내어 지은 암자다. 부처로 모신 것도 돌이요, 천장과 바닥도 모두 돌로 되어 있다. 신라 경덕왕 때 건축되었다니 흘러온 세월이 얼마인가. 거친 풍상과 모진 세월에도 불구하고 여태 의연하게 제 모습을 지키고 있는 석굴암의 정경에서 아직도 따뜻하게 전해져 오는 신라인의 숨결을 읽는다.

석굴암을 품고 있는 토함산의 모습이 정겹다. 하얗게 눈을 이고 있는 정상도, 정상을 향해 뻗은 길과 나무도, 그 사이를 불어가는 바람도 여전하다. 하얗게 입김을 뿜어내며 산을 오르고 있는 나도 예전의 그 모습 그대로일까. 오래전 무턱대고 찾아와 갈팡질팡하던 속내를 토해내던 나를 토함산은 기억이나 하고 있을까.

5년 전, 삶의 무게가 한없이 버거웠을 무렵 이곳을 찾은 적이 있다. 마치 나를 운전하던 모든 동력이 멈춰서 버린 듯, 지극한 무기력에 한동안 발목이 잡혔던 때다. 엎친 데 덮친다고, 친하게 지내던 직장 동료가 구조 조정의 바람에 휘둘러 힘들어 했다. 현대화라는 시류를 타고 업무의 대부분이 컴퓨터 시스템으로 전환되는 바람에 생긴 상황이었다. 기계에게 일을 맡기고 인간은 편히 쉬어도 좋다는 선의의 발상이겠지만 쉬는 일이 무작정 편하기만 한 사람이 얼마나 되랴.

　불시에 생활전선에서 퇴출될 수밖에 없는 동료는 절망했다. 더러는 분노했고 더러는 직장이라는 안전선 밖으로 밀려 나가지 않기 위해 발버둥쳤다. 그의 고군분투는 오로지 혼자만의 몫이었다. 누군가 손 내밀어 거들어 주었으면 덜 애처로웠겠지만, 그의 절박함은 돌아오지 않는 메아리처럼 허무하게 끝이 나고 말았다. 나 역시 마찬가지였다. 앞이 보이지 않는 시간 속에 있다는 얄팍한 핑계로 그가 흘리는 눈물을 닦아주지 못했다. 마음 한 자락 내어줄 수 없었다. 어쩔 수 없는 상황이었지만 그런 나 자신이 한없이 미웠다. 감당하지 못할 자괴감을 안고 찾은 곳이 바로 이곳 토함산이었다.

　그날 산은 짙은 안개를 코트처럼 두툼하게 걸치고 있었다. 마치 내 마음 속처럼 사방이 뿌연 허방이었다. 한 치 앞을 내다볼 수 없는 안개에 갇혀 산은 자취마저 남아 있지 않았지만 부끄러운 내 모습을 낱낱이 꺼내 놓기에는 좋은 날이었다. 그날 내가 보이지 않는 토함산과 더불어 무엇을 어떻게 했는지는 기억나지 않는다. 다만, 자욱하던 안개만 아슴푸레하게 뇌리에 남아 그날의 나를 증언해주고 있을 뿐이다. 이따금 사는 일이 생각처럼 되어주지 않을 때 내 안에서 꿈틀대는 토함산의 안개는 돌아가고 싶은 고향처럼 푸근했다.

어느덧 나도 중년의 문턱에 들어섰다. 젊음이라는 뜨거운 피가 요동을 칠 때는 순간순간에 토를 달아가며 나름으로 몸부림쳤지만 나이가 들면서 품어 안는 법을 조금씩 배우게 되었다. 기쁨이거나 환희인 순간을 품어 안듯이 내게 다가오는 슬픔도, 고난도 결국은 피할 수 없는 나의 몫이라는 것을 어렴풋이나마 이제는 안다.

옅은 안개 속에서 형체를 드러내는 토함산은 말한다. 때로 감당할 수 없는 시련이 나를 집어삼켜도 결코 억울해하거나 도망치려 하지 말라고. 앉은 자리를 지켜내는 일이야말로 내게 다가온 역경을 극복하는 가장 적극적인 방법일지도 모른다는 것을 말 없는 토함산의 모습에서 읽게 된다.

오래전 그때처럼, 복잡하던 마음을 가만가만 풀어 놓는다. 삶으로 맞닥뜨리게 되는 소소한 일에 더 이상 의기소침해지지 않기 위해 산이 일러주는 전언을 또박또박 가슴에 새긴다. 오늘도 변함없이 토함산은 내게 묵언의 멘토 역할을 톡톡히 하고 있는 셈이다. 찰각찰각, 짙어지는 싸락눈을 배경으로 사진을 찍느라 한창인 친구들 틈에 슬며시 끼어든다. 친구가 들이대는 사각의 렌즈를 향해 환한 미소를 짓는다.

오어지에 들다

숲길은 자잘한 꽃무늬 원피스를 입은 여인들처럼 매혹적이다. 사방으로 알록달록 물든 나무들이 절정의 가을을 이야기하며 즐비하게 서 있다. 그 나무들처럼 단풍이 든 여인 둘이 고즈넉한 가을 속을 걸어 다다른 곳이 오어사다.

운제산의 계곡을 막아 만들었다는 오어지가 자그마한 사찰의 일주문을 지키고 있다. 일주문이 삿된 기운을 막기 위해 존재한다면, 오어사는 속세를 향해 이중삼중의 방어막을 두른 셈이다. 온갖 풍경을 담아내고도 평정심을 잃지 않는 오어지가 수행자들의 가슴 속에 이는 바람까지 잠재워 줄 듯하다.

수면으로 자잘한 윤슬이 눈부시다. 형형색색의 단풍과 어우러져 세상 밖의 어떤 세상인 듯 비경을 연출한다. 젖은 풍경

속을 유유히 헤엄치는 물고기들 사이로 사찰 한 채가 고요하게 같앉아 있다. 바로 오늘의 목적지인 자장암이다.

고개를 치켜들고 바라보니 아스라한 절벽 끝에 자장암이 앉아 있다. 오어사의 북쪽 능선에 자리한 자장암은 신라의 고승들이 수행을 했던 곳이라 한다. 그들도 눈 아래 펼쳐진 오어지의 물속에 스스로를 비춰보며 순간순간 자신을 추슬렀던 것은 아닐까. 그러고 보니 암자는 속세를 멀찍이 물려 두고 좌선에 든 선승의 모습을 닮았다.

온갖 번다한 속사를 돌아앉아 고요의 경지에 든 자장암. 깎아지른 낭떠러지와 운제산의 유려한 능선이 묘하게 어울리는 지점에 화룡점정이듯 멋들어진 풍광을 완성하는 곳이다. 먼 암자를 눈에 담고 마음에 담는 것만으로도 이미 암자에 든 듯 마음이 평안해진다. 다행히 함께 온 친구도 이곳이 꽤나 마음에 드는 눈치다.

햇살을 받아내는 친구의 얼굴이 유난히 발그레하다. 그러나 나는 친구를 물들이는 홍조가 괜히 서글퍼진다. 하기야, 우리 나이의 여성들에게 갱년기니 호르몬 이상이니 하는 말들이 새삼스러운 것은 아니다. 그로 인한 감정의 기복이나 온몸을 훑는

열감 같은 것들도 흔한 증상이다. 친구도 그저 여느 중년들이 거치는 통과의례쯤에서 그쳤으면 얼마나 좋았으랴.

자궁에 혹이 생겼다고 했다. 그것도 들어내지 않으면 안 될 정도로 심각한 상태란다. 다행히 생명에는 지장이 없는 수술이라지만, 여성에게 자궁이 '있고 없고'의 차이는 말처럼 사소한 것이 아니다. 여자이자 어미며, 아내로서의 자존감이 달린 문제이기 때문일 게다.

친구는 두 아이를 낳았다. 생명이 생명을 품는다는 것은 누구에게나 축복일 터, 사랑의 씨앗 하나 감싸 안은 채 마주하는 세상은 온통 핑크빛이었을 것이다. 자신의 몸에서 작은 생명체가 꼬물거리며 기척을 보내 올 때면 부푼 배를 쓸어내리며 환희로 몸을 떨었을지도 모른다.

삶에서 가장 행복했던 순간, 그것을 가능케 해주었던 것을 잃어야 한다는 사실이 그녀를 황망하게 만들었다. 지푸라기라도 잡는 심정으로, 한약을 짓고, 건강식품도 이것저것 챙겨 먹는 것 같았다. 그러나 별 차도가 없었다. 아이들의 치다꺼리에다 직장생활, 그리고 집안 살림까지, 누구보다도 열심히 살아온 친구이기에 지켜보기만 하는 처지가 너무 힘들었다.

작으나마 위로가 될 만한 일이 없을지, 고심을 했다. 어차피 피할 수 없는 일이라면, 마음의 안정이라도 찾고 수술실로 들어가게 해주고 싶었다. 겨우 생각해낸 것이 여행이었고, 피차 어렵사리 시간을 맞추어 길을 나선 참이다.

자장암을 향해 걸음을 옮긴다. 초입부터 돌덩이 반, 흙 반의 가풀막이 이어진다. 제법 난코스다. 얼마 가지 못해 숨이 턱까지 차오른다. 나도 나지만, 몸도 마음도 성치 못한 친구가 걱정되어 자꾸만 돌아봐진다. 땀방울이 송송 맺혀 있는 친구의 얼굴이 더욱 붉어져 있다.

한숨 돌리자며, 납작한 바위에 친구를 끌어다 앉힌다. 마치 무성영화의 한 장면처럼 우리는 그렇게 한동안을 말없이 앉아 있다. 침묵이 어색해 무슨 말이라도 건네고 싶었지만, 그녀에게 해 줄 말이 생각나지 않는다. 하긴, 얄팍한 말 한마디가 무슨 위로가 될까. 차라리 그녀의 침묵을 존중해주는 것이 나을 성싶다.

얼마나 지났을까. 기어이 그녀가 울음보를 터트리고 만다. 참고 참았던 눈물이 폭포수처럼 흘러내린다. 그간 남모르게 고인 습한 감정들이 봇물처럼 터져 나오는 것이리라. 나 역시 눈물을 찍어내며 친구가 치르는 이별 의식을 바라만 보고 있다.

한참을 울먹이던 친구가 먼저 자리를 털고 일어난다. 맺힌 것을 쏟아낸 덕분인지, 친구의 얼굴에 약간은 평온한 기운이 감도는 듯하다. 우리는 아무 일이 없었던 것처럼 다시 손을 잡고 비탈길을 오른다.

드디어 고승들이 수행을 했다는 정상이다. 가까이서 보는 자장암은 또 다른 감흥을 준다. 아직도 암자는 오어지의 깊고 푸른 물속에 잠겨 있을까. 그렇다면 자장암 뜨락에 선 우리도 오어지의 잔잔한 품 어딘가에 자리를 잡고 있을 것이다.

무릇 어떤 존재도 인연으로 인하지 않은 것은 없다고 한다. 어쩌면 오늘 오어지를 만난 것도, 그녀가 자신의 소중한 몸의 한 부분을 포기해야 하는 것도 인연일지도 모른다. 그간 놓지 못해 애면글면했던 것을 인연법에 맡겨두고 친구가 더 이상 홀로 힘들어하지 않기를 빌고 또 빌 뿐이다.

절 마당으로 우수수 나뭇잎이 떨어진다. 오어지를 쓰다듬던 바람이 따라 올라왔는지 물 냄새가 나는 듯하다. 늙지도 젊지도 않은 중년의 여자 둘이 그 바람에 온몸을 내맡기고 섰다.

영역표시

콧노래가 절로 나오는 봄날이다. 일찍 찾아온 봄이 뒷산 먼 빛에서 서성이고 있다. 나뭇잎에 연초록색을 칠하며 봄의 시작을 알린다. 새로운 계절을 맞아 여자 셋이서 천성산을 오른다. 그동안 추위에 움츠렸던 몸과 마음이 따스한 아침 공기에 활기를 되찾는다.

"연두해요, 연두해요."

꽃보다 예쁜 잎들을 보며 우리는 탄성을 연발한다. 그 들뜬 목소리에 놀란 참새 떼가 시끄럽다며 나뭇잎을 흔들고 지나간다. 그렇게 수다를 떨다가도, 때로는 묵묵히 앞 사람의 엉덩이만 보고 따라 걷는다. 산 중턱을 지나자 숨이 가빠지고 호흡이 거칠어진다. 눈앞에 잠시 쉼표를 찍고 가라는 듯 정자가 보인다.

세상 편안한 자세로 앉는다. 각자 챙겨온 것들을 배낭에서 내어놓는다. 쌍화차, 커피, 생수 등을 챙겨왔다. 산수의 경계가 좋은 곳에서 맑은 공기와 함께 따뜻한 쌍화차를 한 모금 마신다. 그리고 커피 한 잔과 생수로 다시 목을 축인다. 나무들이 물을 쭉쭉 빨아올리듯 갈증이 난 몸은 내가 마신 음료들을 쑥쑥 흡수하는 듯하다.

다시 길을 나선다. 은수고개를 넘어간다. 연두색은 벌써 산 정상까지 달려가고 있다. 계속 뒤따라오던 남자 등산객이 우리 앞을 지나간다. 한참 길을 걷다가 갑자기 일행 중 큰 언니가 소변이 보고 싶다고 한다. 내가 마땅한 곳을 찾고 있는 사이 언니는 이미 큰 길 한쪽에서 바지를 내리고 있다. 풀숲은 위험하고 남자 등산객은 이미 멀리 가서 괜찮다며 배시시 웃는다.

언니는 한두 번 해본 솜씨가 아닌 것 같다. 물줄기는 내가 서 있는 곳까지 시원하게 자유를 외치며 내려온다. 묵묵하게 별일 아니라는 듯이 자신의 영역표시를 확실히 하고는, 다음 고개를 넘자며 의연히 일어선다. 눈 깜짝할 사이에 빛의 속도로 일어난 일이다. 웃음보가 터져 나올 것 같아 참을 수가 없다. 얼른 달달한 사탕을 입에 넣고 꼭 입술을 다문다.

영역표시

바람이 습기를 내려놓기 시작할 때 연분홍빛 철쭉이 얼굴을 쏙 내밀고 있는 정상에 도착한다. 컵라면에 뜨거운 물을 붓고 기다리는 동안 밥 먹을 준비를 한다. 바로 그때, 푸른 하늘 위를 맴도는 까마귀 한 마리가 우리 일행의 머리 위를 빙빙 돌며 떠나지 않는다.

"까악, 까악."

몇 번 울더니 더 많은 까마귀가 모여든다. 신기한 것은 사람들을 무서워하지 않는다는 점이다. 우리가 점심을 먹는 동안 조용히 자신의 자리를 지키고 있다. 가장 우두머리인 것 같은 까마귀 한 마리가 한 번 더 날개를 펴더니, 다른 새들이 자신들의 영역을 침범하지 못하게 위협하듯이 더 높이 날고 있다.

바라보는 것만으로도 무섭다. 까마귀들에게 남은 음식들을 주고 일어난다. 우두머리 까마귀가 화살촉 같은 부리로 음식을 물고 날아간다. 그제야 바라보고만 있던 다른 까마귀 떼가 날아든다. 그들의 영역에서 빨리 벗어나고 싶어 오른쪽 산등성이에서 산자락으로 내려와 미타암 석굴로 길을 튼다.

긴장의 끈을 놓지 않아서일까, 목은 점점 타들어 간다. 생수로 다시 목을 축인다. 이제는 옆에 있던 친구가 도저히 참을 수 없다고 한다. 방광이 곧 터질 것 같다며 울먹인다. 곁에 있던 큰 언니가 한마디 툭 던진다.

"아무것도 아니야, 한번 해봐."

"여기서 어떻게 해요?"

큰언니는 다시 한번 아무것도 아니라며 빙그레 웃는다.

친구는 산모퉁이 돌아가는 길가에 그렇게 자기의 영역표시를 해 놓았다. 다섯 시간의 산행하는 동안 먹은 것도 많았기에 더욱 참을 수 없었나 보다. 그렇게 망설였던 친구는 막상 영역표시를 하더니 괜찮았다고, 전율을 즐기는 여유 있는 미소까지 보이며 화답을 한다.

이제 은수고개는 언니의 영역이고, 석굴 앞은 친구의 영역인 셈이다. 산행을 하다 보면 남자들이 별 의식 없이 돌아서서 영역표시를 하는 것을 쉽게 발견할 수 있다. 그러나 그 행위가 여자들에게는 유독 어렵다. 단순한 습관 탓인지, 성에 따른 도덕 윤리의 차이 탓인지 잠시 헷갈린다.

다섯 시간 동안 입으로 넣기만 하면서 배출을 하지 못한 나의 방광은 손가락으로 톡 하고 건드리기만 해도 곧 터져 버릴 것만 같다. 풀숲은 뱀이라도 나올까 무섭고, 길 가는 사람들의 눈이 무섭다. 남들 다 하는 영역표시를 나는 왜 못하는 것일까. 영역표시가 무엇이기에 이리 주저주저하며 두려워하는가.

그저 한 인간으로서 해결해야 할 생리적인 현상일 뿐인데. 방광이 터질 것 같은 고통을 참고 있다. 혹여 나는 입고 있는 옷뿐만이 아니라 또 다른 거추장스러운 옷을 너무 많이 걸치고 있는 것은 아닐까. 체면이 무엇이기에 자유롭고 시원하게 살아가지 못하는 것일까. 결국 나는 내려올 때까지 나만의 영역표시를 하지 못했다. 조금의 금기조차 깨지 못한 아쉬움을 뒤로하고 뒷산을 내려올 수밖에 없었다.

산에서 내려오자마자 화장실로 뛰어갔다. 물줄기가 폭포수처럼 터져 나왔다. 그러나 너도나도 사용하는 화장실이다 보니 나만의 영역이 될 수는 없었다. 내 코앞에서 나를 가려주는 얄팍한 벽 하나가 내가 어떤 인간인가를 여실히 알려 주었다. 볼일을 보고 나오니 화장실 앞에 피어 있는 이름 모를 노란 꽃 하나가 한들거리며 나를 위로한다.

무릇 자신만의 영역을 개척한 자들은 용기 있는 자들이다. 다음 산행에서는 나도 나만의 영역을 표시하는 용기를 가질 수 있을까. 이 따스한 봄볕 아래에서 이런저런 거추장스러운 옷을 한 겹이라도 벗을 수 있었으면 한다. 하늘을 올려다보니 우리를 따라 내려왔는지 까마귀 몇 마리가 머리 위를 빙빙 돌고 있다.

도담삼봉

이른 새벽, 길을 나선다. 굳이 단양8경 중의 하나인 도담삼봉의 단풍을 보고 싶다는 남편을 따라 나서는 참이다. 현관문을 열자 팍팍한 어둠이 안겨든다. 메마른 회색빛 도시의 콘크리트 벽 위로 짙은 안개와 비바람이 한바탕 푸닥거리를 하고 있다. 스산한 날씨까지 거들고 나서니 발걸음은 더욱 무겁다.

"재미있게 놀다 오세요."

집을 나서는 우리를 향해 딸은 걱정스런 표정으로 인사를 했다. 몸 상태가 좋지 않은데다가 일기 예보까지 심상치 않아 썩 내키지 않은 여행이다. 눈치 빠른 딸아이를 향해 애써 밝은 표정을 짓는다. 걱정마라는 말로 딸아이를 안심시키고 돌아선다.

그렇잖아도 가깝지 않은 여정이건만 오늘따라 남편과 함께 떠나는 이 길이 너무 길게 느껴진다. 잔뜩 흐려 있는 내 마음을 추슬러야 하건만, 몸살 기운 때문에 힘들어하는 나를 위해 히터를 틀고 세심하게 챙겨주는 남편의 배려도 모른 척 외면을 하고 만다. 친구들의 이야기에 의하면 집에 있을 때는 사이좋던 부부가 여행만 떠나면 싸워서 오는 이들이 의외로 많단다. 혹시 우리 부부도 여행지에서 싸우게 되는 것은 아닐까?

단양 땅에 들어서자 차창으로 엇비치는 풍경이 예사롭지 않다. 물감 한통을 죄 엎질러 놓은 듯 울긋불긋 화사하다. 이리저리 셔터만 눌러도 그럴듯한 작품 사진이 된다. 굽이굽이 스치는 소백산의 단풍은 모든 것을 잊어버릴 만치 황홀하다. 붉디붉은 풍경화 한 점에 정신을 빼앗기다 보니 몸살기가 슬며시 갈아앉는 듯하다. 평소에 말이 없던 남편의 얼굴에도 환한 미소가 흐르고 있다.

드디어 목적지인 도담삼봉에 도착했다. 남한강의 푸른 물속에 세 개의 기암이 우뚝 솟아 있어 '도담삼봉島潭三峰'이라고 불린다. 단양8경의 으뜸이라는 도담삼봉은 강원도 정선의 삼봉산이 홍수 때, 떠 내려와 멈추었다고 한다. 그 후 삼봉을 즐기는 대가로 해마다 정선에 세금을 내었는데, 소년 정도전의 "우리가 삼봉을 정선에서 떠내려 오라한 것도 아니요. 오히려 물길을 막아 피해를 보고 있으니 다시 가져가라."는 호탕한 한 마디에 더 이상 세금을 내지 않아도 되었다는 전설이 전해진다.

내 앞에서 잘난 척하고 싶은 것인지, 아니면 내가 모른다고 생각하는 것인지 남편은 도담삼봉에 대해 자세한 설명을 늘어놓는다. 금실 좋은 부부였던 남봉과 처봉 사이에 아이가 생기지 않자 첩봉을 들여서 아이를 잉태하였고, 이를 시기한 처봉은 등을 돌려 앉아 있다고 한다. 그리고 보니 처봉의 앉은 자세가 심상찮다. 부처도 씨앗을 보면 돌아앉는다더니 바위도 남녀문제만큼은 어쩌지 못하는가 보다. 샐쭉하게 돌아앉은 처봉이 무리해서 여행을 감행한 남편을 향한 내 마음 같다.

남편의 말에 의하면 세 봉우리 가운데 가장 높은 중봉에 있는 육각의 정자 이름이 '삼도정'이며, 조선의 개국공신 정도전이 자신의 호를 삼봉으로 지을 만치 이곳을 사랑했다고 한다. 예전에 보았던 드라마까지 언급하느라 정신이 없다.

구름이 잔뜩 낀 하늘과 사방을 둘러싼 안개 때문일까. 남한강에는 생각보다 빨리 어둠이 깃들기 시작한다. 갑자기 날씨마저 변덕스러워진다. 바람이 먹구름을 몰고 오는가 싶더니 빗방울이 뚝뚝 떨어진다.

오슬오슬 한기가 느껴진다. 그만 돌아갔으면 싶건만 남편은 여기까지 와서 그냥 갈 수 없다며 보트 선착장으로 나를 이끈다. 보는 각도에 따라 달라 보이는 봉우리를 감상하자는 것이다. 보트 승선을 기다리는 동안 스산한 가을바람이 기다림을 더욱 지치게 한다.

남편은 무엇이 그리 좋은지 여전히 싱글벙글한다. 남의 속도 모르고 카메라를 들이대며 웃으라는 주문까지 한다. 그런 남편의 모습을 보고 있으니, 문득 '사랑'이라는 단어가 떠오른다. 남편이 생각하는 사랑은 그냥 그 자리에 함께 있어 주는 마음 같은 것일까? 나와 함께 한다는 이유만으로도 아이처럼 신바람이 난 남편의 모습이 새삼 애잔하다. 눈빛만 보아도 마음을 읽을 수 있다고 큰소리를 쳤건만 소박한 마음 하나 품어주지 못한 내가 돌아봐진다. 내내 퉁퉁 부어 있던 마음을 다잡고 살가운 눈길로 그를 바라보게 된다.

18년이라는 세월 동안 남편도 참 많이 변했다. 어느새 머리카락은 희끗희끗해지고 피부도 눈에 띄게 탄력이 줄어들었다. 가장으로, 남편으로 힘겹게 달려온 지난 세월이 남편의 얼굴에 고스란히 새겨져 있다. 그러고 보면 여태 내가 하는 일마다 가장 열렬하게 응원해준 사람이 남편이다. 남편이 진중하게 내 말을 들어주고, 내 삶에 관심의 끈을 놓지 않은 덕분에 나의 오늘도 있는 것이리라. 어쩌면 그것을 모르지 않기에 남편이 제의한 여행에 군말 없이 따라왔던 건지도 모르겠다.

멀찍이 도담삼봉의 또 다른 볼거리인 석문石門이 구름다리 모양으로 하늘에 걸려있다. 저물녘의 운치와 어우러진 석문은 담담하게 채색된 수묵화처럼 몸과 마음을 편안하게 한다. 석문 옆에는 소나무 한그루가 우뚝 서있다. 우리 두 사람도 저 소나무처럼 하나로 굳건하게 살았으면 하는 소망 하나를 풍경 속에 묻는다.

살아 있어 기쁨을 배우는 것이 여행이라면, 그 기쁨을 나눌 수 있는 사람과 함께 있다는 사실이 지금 이 순간을 더욱 빛나게 한다. 사랑은 멀리 있는 것이 아니라 가까운 곳에 있으며, 웅대한 그 무엇이 아니라 소소한 일상들 속에 보석처럼 숨어 있는 것임을 새삼 깨닫게 된다.

꼬부랑길

하늘이 붉은빛으로 물든다. 뜨거웠던 태양도 이제는 집으로 가야 할 시간이다. 노을을 벗하며 오랜만에 고향집으로 향한다. 오른쪽으로 간간이 보이던 바다가 푸른 품을 펼치며 손짓을 한다. 푸른 바다 마을로 들어선 것이다. 펜션과 횟집이 즐비한 산모롱이를 돌아가자 급격한 내리막길이 나타난다. 내리막길 끝에 꼬부랑길이 보인다. 꼬부랑길은 산 아래 작은 숲으로 연결되어 있다.

꼬부랑길이 훤히 보이는 콘크리트 다리 위에 차를 세우고 내린다. 다리 밑에는 둥글고 네모난 모양의 징검다리가 아직도 남아 있다. 이제는 갈 수 없는 꼬부랑길이다. '금지구역'이라 쓰인 하얀 바탕의 노란색 글이 눈에 들어온다. 지자체에서 해안도로를 정비하고 '해파랑길'이라는 둘레길을 만들었다. 그 후로 굽이굽이 돌아가는 비포장도로와 연결된 꼬부랑길은 추억 속으로 묻혀버렸다.

아홉 살 무렵의 어느 겨울날이었다. 친구들과 함께 학교를 마치고 꼬부랑길로 걸어가기로 했다. 앞서거니 뒤서거니 하며 걸어가는 우리 곁을 버스 한 대가 지나쳐 달려갔다. 자욱한 흙먼지가 일었다. 우리는 깔깔대며 흙먼지를 따라 달렸다.

선두에 선 친구를 따라 나도 내리막길을 조심스럽게 뛰었다. 허리에 두른 책보가 뛸 때마다 덜렁거렸다. 책보 안에는 호빵이 들어있었다. 학교에서 간식으로 받은 호빵을 집에 계신 부모님께 드리기 위해 먹지 않고 책보에 넣어둔 것이었다.

그날은 꼬부랑길을 따라 숲으로 가는 이유가 있었다. 친구 중 하나가 엄마가 좋아하는 나무를 꺾으러 가자고 한 것이다. 집안의 액운을 막아주는 나무라고 했다. 무엇보다 엄마가 좋아한다는 말에 호기심이 생겼다. 액운을 막는다는 것이 구체적으로 어떤 것인지는 몰랐다. 우리 엄마에게도 꺾어다 주고 싶었다. 뱀들이 있을지도 모른다는 생각은 잠시 들었지만, 엄마가 환히 웃는 모습을 떠올리니 그런 생각도 사라져버렸다. 마치 보물이라도 찾으러 가는 기분으로 꼬부랑길을 달렸다.

검정 고무신을 신고 겨울 숲을 뒤졌다. 뾰족한 돌부리가 발바닥을 파고들었다. 햇살에 살얼음이 녹았는지 오르막길에서 주르륵 미끄러지기도 했다. 서로를 밀고 당기며 산을 올랐다. 곳곳에 가시덤불이 우거져 있었다. 우리들의 기척에 작은 새들이 날아올랐다. 새들을 향해 "와아"하며 함성을 질렀다.

그때 친구가 한 나무를 가리켰다. 회색 나무에는 푸른 잎은 없고, 가시만 덩그러니 나 있었다. 가시가 성성한 것이 한눈에 보기에도 특별해 보였다. 나는 오랜 모험 끝에 보물을 찾은 것처럼 가슴이 콩닥거렸다. 친구가 손가락으로 가리키는 가시나무를 향해 무조건 손을 뻗어 가지를 꺾었다.

가시를 피해 가며 꺾으려니 힘이 들었다. 그래도 겨울나무라 그런지 가지는 어린 우리들의 손에도 뚝뚝 잘 부러졌다. 그런데 몇 개 꺾지 않았을 때였다. 갑자기 다른 친구가 몸이 가렵다는 것이었다. 친구는 목이며 손을 마구잡이로 긁어댔다. 자세히 살펴보니 온몸에 이상한 반점이 생기고 있었다. 우리는 하얗게 질렸다. 액운을 막아주는 능력이 있는 나무라고 하더니, 그 신령스러운 나무를 잘못 건드린 것 같았다. 와락 무서움이 달려들었다.

 그때부터 친구들은 누가 먼저랄 것도 없이 뛰기 시작했다. 하나둘 숲속에서 나와 꼬부랑길을 뒤도 안 보고 달렸다. 뒤에서 가시나무 귀신이 따라오는 것처럼 느껴졌다. 맨 앞에 선 친구를 따라 무작정 달리고 또 달렸다. 정신없이 달리고 있는데 무언가 허전했다. 뒤를 돌아다보니 친구 하나가 오지 않고 저만치 서서 그냥 울고만 있었다. 모두 가던 길을 멈추고 뒤돌아보았다.

 숲에서도 내려왔고 가시나무는 더 보이지 않았다. 우리는 친구 옆에 모여 섰다. 친구의 발아래는 둥근 소똥이 놓여 있었다. 가만히 보니 그것은 소똥이 아니라 소똥이 묻은 호빵이었다. 너무 겁이 난 나머지 꼬부랑길을 혼비백산 뛴 친구의 책보에서 호빵이 떨어졌다. 호빵은 하필이면 소똥이 있는 곳으로 데굴데굴 굴러갔는데, 소똥이 굳지 않았던지 온통 호빵에 묻어버렸다. 소똥이 묻은 호빵은, 호빵이 아니었다.

 우리가 다가가자 친구의 울음소리는 더욱더 숲을 뒤흔들었다. 웃으면 안 되는 줄 알면서도 자꾸만 소똥 위에 있는 호빵을 보니 웃음이 나와 참을 수가 없었다. 괜찮다 친구야 하며 위로하는 친구, 웃음을 참지 못해 배꼽 잡고 웃는 친구, 그러면서도 우리는 각자 자기 호빵을 한 개씩 친구에게 주기로 했다. 그때야 친구는 울음을 멈추었다. 그렇게 친구를 다독거리고 우리는 다시 꼬부랑길을 걸었다.

개울가로 내려와서 손을 씻고 징검다리 위에서 가위, 바위, 보를 하며 누가 먼저 건너가는지 게임을 했다. 친구는 언제 울었냐는 듯 해맑게 웃었다. 그 와중에도 나는 가시나무 몇 가지를 챙겨 들고 있었다. 무엇보다 엄마가 좋아한다는 나무가 아닌가. 칭찬받을 수 있는 일이 생겼다고 생각하니 당장 집으로 가고 싶었다. 친구들은 그런 내 마음도 모르고 집으로 오는 내내 이런저런 장난을 쳤다. 나는 할 수 없이 친구들과 함께 집으로 올 수밖에 없었다.

집에 돌아와 엄마에게 자랑스럽게 나뭇가지를 내밀었다. 엄마는 깜짝 놀라시며 "이눔의 가시나가 겁도 없이 거가 어데라꼬 가노. 뱀이 얼마나 많은데. 물리면 우짤라꼬."하며 호통을 치셨다. 칭찬받을 줄 알았는데 되레 야단을 맞으니 순간 나의 마음도 몰라주는 엄마가 미웠다. 어린 마음에 엄마의 마음을 다 헤아리지 못했다.

붉은 태양이 산을 넘어 집으로 가 버렸다. 꼬부랑길도 어둠에 잠기고 있다. 들어갈 수 없는 길이다. 그런데 '금지구역' 팻말 앞에 서니 유독 유년의 기억이 선명해진다. 금지되었기에, 되돌아갈 수 없기에 더욱 그리운 숲속의 꼬부랑길이다.

제3부 조제실 앞에서

인포데믹 바이러스

어김없이 스포츠센터로 향하는 아침이다. 헬스장으로 올라가기 위해 탈의실에서 옷을 갈아입는다. 오늘따라 탈의실이 시끌벅적하다. 연일 방송에서 코로나19 때문에 쉬지 않고 질병관리 본부의 상황을 보도하고 있다. 휴대폰도 끊이지 않고 울어댄다.

"카톡, 카톡"

마치 전보처럼 메시지들이 도착한다. 전염병 예방수칙, 인근 보건소 안내, 관내 발생 환자 수, 그들의 동선 등이 휴대폰 액정 속에서 불안한 눈길을 보낸다. 탈의실 안은 이미 보이지 않은 공포가 스멀스멀 올라오고 있다. 그 수많은 정보들이 내 안의 불안감을 배양시킨다.

중국 우한에서 코로나19 확진을 받은 사람들의 숫자가 점점 증폭되어 갔다. 인구 천만이 넘는 도시 우한이 봉쇄되었다. 유령도시 같은 우한의 모습이 화면에 나올 때마다 걱정스러웠지만 그래도 남의 나라 일이었다. 중국 당국이 통계를 조작한다는 소문이 돌았다. 유튜브나 SNS를 통해 믿기 어려운 영상이나 정보들이 흘러나왔다. 하나같이 공포와 불안감을 부추겼다. 그때까지만 해도 역시 남의 나라 일이었다.

코로나19는 무서운 전파력을 가진 바이러스였다. 세계 곳곳으로 퍼져나갔다. 우리나라도 예외는 아니었다. 하루, 이틀 지나면서 코로나19 확진 판정을 받은 사람들이 늘어났다. 처음에는 통제가 잘 된다 싶었는데 급기야 대구가 슈퍼 전파자로 떠올랐다. 특정 종교 모임이 그 진원지가 되었다. 전국이 코로나19에 감염되고 있다.

이제 사람들은 바이러스라는 말만 들어도 머리털이 곤두선다. 그 틈으로 정보의 바이러스가 휴대폰을 타고 코로나19보다 더 빨리 전염되어 간다. 자극적이고 선동적인 것에서부터 인신공격과 신상털이까지 끝이 없다. 정말 어떤 이야기가 진짜인지 아닌지 알 수가 없을 정도로 소문은 꼬리에 꼬리를 물고 달린다. 넘쳐나는 정보와 전염병의 단어를 합쳐 놓은 것이 '인포데믹'이라는 신조어이다.

대운산에서 고개를 내민 햇살이 헬스장 창문 안으로 들어선다. 러닝머신 위에 올라서니 눈이 부시다. 반복적으로 "카톡" "카톡"하며 여기저기서 경고음들이 울린다. 옆에서 운동하던 언니가 놀란 토끼 눈으로 우리 지역에도 코로나19 확진자가 나왔다는 문자를 받았다고 한다. 언니의 카톡에 있는 정보를 읽어보니 한눈에 보아도 가짜이다. 우리 지역에 발생한 환자를 창원에 있는 병원으로 이송한다는 내용이다. 여기에도 큰 대학병원이 있는데 왜 창원까지 가서 입원해야 하는지에 대한 의문이 생긴다. 그 자체가 말이 되지 않는다.

마침 러닝머신 위에 붙어 있는 TV를 켜니 가짜 정보에 대한 단속을 하겠다는 뉴스가 뜬다. 방금 보았던 카톡 같은 것들에 대한 단속을 하겠다는 것이다. 때로는 바이러스보다 근거를 알 수 없는 정보에서 오는 불안감이 더 무섭다. 호랑이에게 물려가도 정신은 차려야 한다.

심지어 부산 지하철에서 어느 시민이 본인은 우한에서 온 환자라고 외치며 돌아다니는 동영상이 흘러나온다. 지하철 칸칸

마다 돌아다니며 외치는 동안 주위 사람들은 얼마나 불안하고 무서웠을까. 카톡에 올라온 모 병원은 매일 사람들로 가득 찼던 곳인데, 확인할 수 없는 소문이 퍼지자 갑자기 사람들이 오지 않는다고 한다. 또한 그 지역의 보건소는 업무를 못 할 정도로 전화 응대를 하느라 정신이 없다는 것이다. 지역사회가 완전히 마비되어 버렸다. 인포데믹 바이러스가 그 위력을 발휘하는 현장이다.

석 달 전 목욕탕 안에서의 일이다. 여자 셋이서 이야기를 나누었다. 주인이 목욕탕을 매매한다는 정보가 나왔다. 나는 한 자리에 앉아 그냥 들었을 뿐인데, 그 이야기를 내가 했다는 소문이 돌았다. 그렇게 돌기 시작한 가짜 정보는 마치 인쇄기로 찍어 내듯이 양산되어 목욕탕 안을 뜨겁게 달구었다. 이상하게 언제부턴가 사람들이 나를 바이러스 보듯 피하는 것이었다.

아버님 제사가 있어서 목욕탕에 가지 않았던 날의 일이었다. 누군가가 내 친구에게 한마디를 했단다. 내가 말을 함부로 한 죄로 목욕탕에 못 온다는 것이라고 말이다. 그 말은 결국 나의 귀에까지 들어왔다. 중간에서 전달해준 사람의 얼굴을 생각해서 참기는 했다. 마음먹은 일이 잘 풀리지 않는 사람일수록 자신과 가까운 사람을 아프게 하거나 상처를 줄 가짜 정보를 퍼트린다. 그 때문일까, 목욕탕 매점에 사람이 바뀌었다. 상대를 배려하고 서로를 좀 더 이해할 수 있는 넉넉함이 있었으면 하는 아쉬움이 남았다.

가짜 정보는 사회를 병들게 한다. 불신으로 인한 막대한 피해는 결국 우리들에게 돌아오는 것이다. 정면으로 나서지 못하고 익명 뒤에 숨어 악의적인 소문을 퍼트리는 그들은 인포데믹 바이러스이다. 막상 잡아서 조사해 보면 의외의 답을 하는 경우가 많다. 책임을 회피하며 심심해서, 장난삼아라는 말들은 피해를 받은 사람들의 억장을 무너뜨린다.

정보는 이미 혈액과 같이 현대사회를 움직이는 가장 기본적인 요건이다. 인터넷으로 빠르게 정보를 교환하는 것 역시 매우 중요하다. 그러나 이런 정보의 홍수 속에서는 반드시 진위와 비중을 가늠하는 각성도 필요하다. 더욱이 요즘처럼 위기를 느낄 때일수록 말이다. 각 개인이 마스크만 쓸 게 아니고, 인포데믹 바이러스를 걸러내는 성숙함이 있었으면 한다.

러닝머신 위에서 발을 천천히 옮겨 본다. 속도를 맞추고 오늘 하루도 면역력을 키우기 위해 걷고 또 걷는다. 동시에 내 안의 인포데믹 바이러스를 거르는 필터를 작동하며 마음도 가다듬어 본다.

마스크

　거울 앞에 선다. 창백한 가면 같은 화장기 없는 얼굴이 비친다. 마스크 양쪽의 고리를 잡고 얼굴을 가린다. 손바닥만 한 검은 천이 내 얼굴을 에워싼다. 속내를 드러내지 않는 검정 마스크, 표정을 읽을 수가 없다. 코로나19가 등장하고부터 나의 외출은 마스크 없이는 완성되지 않는다. 이것이 없으면 한 걸음도 밖으로 나가지 못한다. 마스크 위로 떠 있는 두 눈에 살짝 두려움이 스쳐 간다.

　코로나19는 기침을 할 때 분출되는 비말로 전염된다. 5마이크로 정도의 작은 크기이지만 2미터 아래로 떨어질 만큼의 비중을 가지고 있다. 좁은 공간에서 밀접 접촉을 통해 눈, 코, 입 등으로 아주 은밀하고 조용하게 옮겨간다. 이때 매개의 일등공

신은 손이다. 손을 잘 씻어야만 하는 이유이기도 하다. 잠복기는 14일로 알려져 있다. 특히 기저질환이 있는 사람에게는 치명적이다. 호흡기로 들어와서 서서히 폐에 이르면 갑자기 호흡곤란을 일으켜 사망에 이르기도 한다.

누군가가 그려놓은 코로나19의 모양은 머리 위에 왕관을 얹어 놓은 것처럼 화려하다. 붉고 푸른 뿔들이 수없이 돋아있다. 그 현란한 색들이 독버섯을 연상시킨다. 불쾌하고 무서운 그것들이 내 호흡기로 들어오는 상상을 한다. 나는 쓰고 있는 마스크를 빈틈이 없도록 매만진다.

며칠 전, 마스크를 구매하기 위해 집 앞 약국에 갔었다. 약국 앞은 떡가래 같은 긴 줄이 늘어져 있었다. 족히 한 시간씩은 기다리고 있는 듯했다. '춘래불사춘'이라하던가. 그 말은 이럴 때를 이르는 말인 것 같다. 봄이 왔어도 마스크를 쓴 사람들은 미소조차 얼어 버린 한겨울 속에 있었다. 건물의 그림자는 더 짙은 어둠 안에 잠겨 있고, 찬바람에 붉은색의 얼굴을 내민 동백 꽃잎들이 바르르 바람에 떨며 울고 있는 것 같았다.

줄을 서서 기다렸다. 사람들은 붙어서 있으면서도 서로 다른 방향을 바라보았다. 가능한 마스크를 한 얼굴을 마주하지 않으려고 애썼다. 얼마나 기다렸을까. 점점 다리가 저리기 시작했다. 머리도 아프고 목이 따끔거리는 것 같았다. 마스크를 구매하기 위해 줄을 서 있다가 없던 병도 생길 것만 같았다.

그런데 이게 웬일인가. 몇 사람 앞에서 마스크 판매가 끊긴 것이다. 긴 시간을 기다리며 서 있었는데 마스크를 구매하지 못했다. 찬바람을 맞으며 나의 차례가 오길 기대했는데 희망이 사라져 버렸다. 마음은 예민해지고 스트레스의 지수가 높아지는 듯했다. 우울한 기분이 들었다.

돌아서 오는데 알 수 없는 추위가 가슴 속까지 파고들었다. 좀 전까지 사람들 속에 서 있었지만, 전혀 온기를 느낄 수 없었다. 문득 인간과 인간의 거리는 얼마나 되는 것일까 하는 생각이 떠올랐다. 방금 나와 함께 줄을 서서 기다리던 사람들이 아득히 멀게 느껴졌다.

그동안 사람들과 얼마나 밀접한 접촉을 하며 살고 있었는지를 깨달을 수 있었다. 일상의 궤도를 돌며 습관적인 접촉을 해왔다. 수시로 모여서 밥도 먹고 차도 마시며 운동도 했다. 수다도 많이 떨었지만 이렇게 격리 아닌 격리 생활을 하다 보니 서로가 다른 궤도를 가고 있다는 생각이 든다. 마스크는 그런 인간관계를 잠시 격리시키는 듯하다. 과연 우리는 그만큼 가까운 사이였던가.

　마스크 착용은 감염 확산을 막을 최선의 방책이다. 코로나19는 집으로 돌아가는 사람들의 풍경까지 바꿔놓았다. 저마다 얼굴에 장막을 두르고 걷는다. 하루의 끝에서 누군가를 만나 소주 한 잔을 기울이는 것은 이미 추억이 되었다. 퇴근 후 자투리 시간을 활용해 즐기던 취미생활도 여의치 않다. 마스크에 갇힌 채 그저 하루의 일을 혼자만의 가슴에 담을 뿐이다.

　일상의 사소한 일에도 변화가 생겼다. 택배를 반품하는 과정에서의 일이다. 물건을 문밖에 내놓으면 택배회사 직원이 반품영수증을 현관문 밖에 붙여 놓겠다는 것이었다. 얼굴을 마주 볼 수 없는 방법이다. 한마디로 비대면의 시대인가. '비대면'이라는 단어가 가면처럼 낯설게 느껴졌다.

　얼굴에는 표정이 있다. 표정에는 인간의 다양한 감정이 담겨 있다. 마스크는 그 모든 것을 가린다. 게다가 손도 잡지 못하고 껴안을 수도 없으니 안타깝기만 하다. 언어보다 비언어로 전해야 하는 것들도 많다. 코로나19가 마스크를 통해 만들어낸 비대면 문화는 어쩌면 인간 단절의 문화가 아닐까. 이러다가 단절을 편하게 여기는 사회적 분위기가 자리매김을 하지 않을까 걱정이 앞선다.

이제 마스크는 필수품이 되었다. 서로의 건강을 위한 최소한의 배려이다. 그래도 여전히 마스크를 구하기는 쉽지 않다. 답답한 마음에 인터넷으로 주문했다. 그것도 아주 힘들게 비싼 값을 주고 소량을 구매했다. 일반형 마스크이지만 없어서 구매할 수 없는 실정이다. 가슴이 턱 막힌 상황을 가까운 지인에게 이야기했다. 나의 사정을 듣더니 지인은 선뜻 면 마스크 두 장을 만들어 주겠다고 했다.

다시 거울 앞에 선다. 지인이 보낸 마스크는 알록달록한 무늬가 있는 면 마스크다. 귀에 고리를 걸고 마스크를 써본다. 검정 마스크보다 한결 산뜻하다. 안감은 부드러워 포근함을 준다. 세상에 하나뿐인 마스크라 생각하니 가려졌던 나의 개성이 살아난 듯하다. 지인의 정성과 마음이 느껴진다.

아무리 코로나19가 인간의 사이를 단절시켜도 희망은 있다. 예쁜 마스크가 생겼으니 내 몫의 공적 마스크는 급한 사람들을 위해 양보할까 하는 생각도 해본다. 현관문을 열고 나오니 따스한 봄 햇살이 마스크를 간질인다.

조제실 앞에서

"띵~ 똥"

"○○번 손님"

번호표를 들고 약이 조제되어 나오길 기다린다. 대기용 의자에는 서너 명의 사람들이 띄엄띄엄 앉아있다. 시선을 어떻게 할지 몰라 사람들의 등을 바라보았다가, 허공에 두었다가 한다. 방향을 선뜻 잡지 못해 번호판에 고정시킨다. 괜한 어색함에 신발 속 발가락만 꼬물꼬물 움직인다.

약국 안은 출입문 쪽만 제외하고 선반으로 둘러싸여 있다. 그 선반에는 마스크에서부터 무릎보호대, 지압용품 등이 걸려있고, 그 옆으로 각종 건강보조제가 놓여있다. 한쪽에는 선반을 차지하지 못한 드링크 박스들이 쌓여있다. 이렇듯 밖에 놓여 있는 것들은 주로 처방전 없이 살 수 있는 일반의약품들로 보인다. 아마도 약사들이 조제를 하는 저 칸막이 너머에는 더 많은 약들이 선반을 가득 채우고 있을 것이다.

세상에 첫울음을 내면서부터 인간은 약을 접한다. 태어나는 곳이 대부분 병원이기도 하고, 태어나자마자 접종해야 하는 예방주사도 있다. 저 많은 약을 필요로 하는 인간은 그로부터 채 백 년도 살지 못한다. 어디 몸뿐인가. 현대에는 마음의 병 역시 많아지고 있다. 인간에게서 병을 떼어내지 못하는 이상 약도 버릴 수 없을 것이다.

요즘 들어 어깨에 근육통이 생겼다. 팔을 올리기도 힘들었다. 뒤로는 더더욱 돌리지도 못했다. 직장을 그만두고 사용하던 근육을 갑자기 사용하지 않아서일까. 지난밤에는 통증 때문에 깊은 잠을 못 잤다. 의사는 일시적 현상일 수도 있지만, 스트레스의 영향도 크다고 했다. 마음이 몸에 영향을 미친다는 것은, 긴 직장 생활을 통해 익히 알고 있다. 그러나 내가 막상 그런 이야기를 들으니 선뜻 받아들여지지 않았다. 마뜩잖은 처방전을 들고 약국으로 왔다.

조제실 앞에 앉아서 뿌연 유리 칸막이를 바라본다. 몇 달 전까지만 해도 나는 저 유리벽 안에 있었다. 흰벽에 설치된 하얀 선반 위에는 수없이 많은 약병이 놓여있었다. 약병들은 대체로 흰색이었지만 뚜껑을 열면 각양각색의 알약들이 보였다. 내가 근무했던 곳은 신경정신과 조제실이었으므로 주로 마음이 아픈 사람들을 위한 약이었다. 아침마다 쏟아지는 처방전을 따라 마치 여러 향을 섞어 향수를 만드는 조향사처럼 나는 처방된 약을 용량대로 섞어 봉지에 담았다. 내가 지은 약은 약사의 검수를 거쳐 입원 환자들에게 보내졌다.

알약들은 예쁘고 고운 색상이 많았다. 태양을 닮은 붉은 색감으로 화려함을 뽐내는 항우울증 알약이 있는가 하면, 치매를 예방하는 겨자색의 알약은 새콤달콤한 젤리처럼 쫀득쫀득하다. 노란색의 신경안정제는 유치원 아이들을 태우고 다니는 버스처럼 상큼하고 발랄한 색감이다.

처음 색색의 알약 앞에 섰을 때 떨리던 손길을 지금도 기억한다. 그 가벼운 알약들이 얼마나 무거운 삶들을 위로하는가를 알고 나서는 그것들이 마치 작은 보석 같았다. 때로는 주절주절 말을 걸고 싶어지기도 했다. 붉은색의 약을 보며 절망한 마음에 불같은 용기를 주라고, 겨자색의 약에는 겨자처럼 톡 쏘아서 정신을 맑게 해달라고, 노란색의 약에는 어두운 마음에 부디 촛불이 되어달라고 말이다. 나는 아픈 마음을 낫게 하는 그 알약들에 '사랑의 묘약'이라고 이름을 붙여주기도 했었다.

몸이 아파서 약을 먹는 것은 당연한 일이다. 그런데 마음이 아파서 약을 먹는 것은 매우 꺼린다. 마음이 아픈 것은 아픈 것이 아니라 무언가 마음을 잘못 쓴 까닭이라고 여기기 때문이다. 즉 소심하거나, 부정적이거나, 너무 예민한 탓이라는 말이다. 그렇게 망설이며 치료시기를 놓치는 사이 마음의 병은 몸의 병으로 번져간다. 여러 가지 중독증상이 생기기도 하고 면역력 약화로 심각한 질병을 초래하기도 한다.

지독한 치통도 진통제 한두 알에 통증이 가라앉는다. 물론 약이 능사는 아니다. 그러나 견딜 수 없는 통증에 시달려 본 사람은 약 한 알의 위력을 안다. 그 작고 가벼운 것의 고마움을 절감한다. 마음이 아픈 경우도 예외는 아니다. 간혹 증상이 좋아진 환자가 퇴원하며 인사를 하면 더없는 기쁨으로 다가오곤 했다. 이 좁은 조제실 안에서도 누군가를 위해 좋은 일을 하고 있다는 생각이 들었다. 조제실 밖에서는 결코 느낄 수 없는 경험이었다.

살아가다 보면 삶의 블랙홀에 빠질 때가 있다. 자신은 물론이거니와 가족이 정신 질환을 앓게 된다면 그 블랙홀은 정말 벗어나기가 어렵다. 어쩌면 환자를 돌보는 가족들의 고통이 더 큰지도 모르겠다. 환자의 삶을 송두리째 짊어져야 하기 때문이다. 긴 병에 효자 없다고, 그러다 보면 마음의 병은 점차 가족에게도 옮겨간다. 마음이 지치고 약해지기 때문일 것이다.

몸의 건강 못지않게 마음의 건강도 중요하다. 감기에 걸리지 않기 위해 몸을 따뜻하게 하고, 손을 잘 씻는 것처럼 마음의 병도 예방하는 것이 필요하다. 일찍이 부처님은 '일체유심조'라고 설파했다. 모든 것이 내 마음에서 비롯된다는 말이다.

인간관계가 껄끄러워질수록 상대에게 부드러운 말을 건네는 용기가 필요하다. 변화하는 상황을 잘 이해해 받아들이고 그에 따라 마음을 바꿔먹기도 해야 한다. 무엇보다도 자신을 위로하고 격려하는 것이 중요하다. 용기와 이해, 즐거움과 위로, 모두 마음으로 조제하는 알약들이다. 나에게는 나만의 조제법이 있듯이 찾아보면 모두에게는 자신만의 조제법이 있을 것이다. 우리 모두 마음의 알약 조제법 하나씩은 품고 살았으면 좋겠다고 생각해 본다.

번호를 부르는 벨 소리와 함께 촉촉한 약사의 목소리에 주위가 환하게 보인다. 자동으로 대답하며 다가간다. 약사는 약에 대한 복용법을 친절하게 가르쳐 준다. 무려 삼십 년 만에 입장이 바뀌고 보니 기분이 묘하다. 약사의 인사를 뒤로하고, 알록달록 사랑의 묘약들이 들어있을 약 봉투를 무슨 보물인 양 받아들고 약국을 나온다.

선별진료소

 보건소 앞마당이다. 갑자기 우리 동네에 코로나19 확진자가 많이 발생했다. 휴일임에도 불구하고 선별진료소가 운영 중이다. 증상이 없어도 검사에 협조해 달라는 아파트 관리실의 방송을 듣고 왔다. 긴 줄은 아니지만 접수하기 위해 차례를 기다린다. 햇빛은 오후의 문턱을 넘어가고 있다.
 선별진료소는 세 군데로 나누어져 있다. 그중에 가장 짧은 줄을 골랐다. 맨 오른쪽 줄이다. 청바지를 입고 핸드폰을 보고 있는 청년 뒤에 가 선다. 그래도 내 앞으로 족히 열 명은 더 있는 것 같다. 바로 내 옆줄에 TV에서 보던 공무원들이 입고 있는 노란 점퍼가 눈에 들어온다. 순간적으로 보건소 소장님이 아닐까 하는 생각이 든다. 지금 이 지역 상황이 매우 안 좋다는 예감이 스친다. 거리두기를 하며 떨어져 있는 간격 사이로 묘한 긴장감이 흐른다.

흰색의 방호복을 입고 있는 간호사 앞에 앉는다. 간호사는 얼굴에 마스크를 쓰고, 그 위에 투명한 플라스틱으로 가려진 또 하나의 벽을 치고 신분증을 제출하라고 한다. 나를 바라보는 그녀의 눈매가 예사롭지 않다. 간호사는 신분증을 보고 서류를 작성한 후, 가늘고 긴 흰색의 면봉 하나와 둥근 모양의 작은 통을 들고 상체를 내민다. 모조리 깔끔하게 잡아내겠다는 듯이 각오가 대단해 보인다.

매끄럽고 끈적한 면봉이 입 안으로 들어와 목젖을 거칠게 휘~이 젓는다. 마치 거센 풍랑을 만난 배처럼 입안은 순식간에 이리저리 흔들린다. 웩 소리가 자동으로 튀어나온다. 그 거북한 고통은 입안의 천정에 부딪히고 침을 꼴깍 삼키며 혀 밑에 있다가 눈물을 쏟아내며 가라앉는다. 속이 매스껍고 울렁거린다. 눈물이 핑 돌아 하늘을 보니 남의 속도 모르고 하늘은 눈이 부시도록 푸르다. 그렇게 입 안에서 세 번의 폭풍을 만나며 그 푸르름 속에 내 눈물을 감춘다.

코로나19는 무서운 속도로 퍼져간다. 전파력도 강해 국경도 없다. 요즘 가까운 울산에서는 변이 바이러스가 유행이란다. 아직은 국민 전체가 백신을 접종하지는 않은 상태이다. 누군가는 백신 접종이 독감처럼 1년에 한 번씩 접종해야 할지도 모르는 일이라 한다. 결국은 코로나19와 함께 살아야 한다는 말인가.

지금까지 방역지침을 잘 지키며 살았다. 하지만 매일 목욕탕을 가는 것이 조금 불안하기는 하다. 탕 안에서도 방수용 마스크를 착용할 만큼 철저하게 지침을 지켰다. 마스크 착용을 안 하는 사람들이 있어도 나는 여러 개의 마스크를 바꿔가면서 방역을 했다. 세상은 나 혼자 살아가는 것이 아니지 않던가. 그러다 보니 만약의 경우를 생각하지 않을 수 없었다.

사실 오늘 검사도 음성이라는 확신이 나름 있을 정도이다. 열이 나거나, 근육통이 있는 것도 아니다. 별다른 증상이 없지만, 예방 차원에서 무증상자를 찾는다고 하지 않던가. 나도 모르게 타인에게 코로나19를 옮길 수도 있다고 생각하니 소름이 돋았다. 고심 끝에 선별 진료소를 찾아 발걸음을 옮긴 것이다.

마스크를 코까지만 내리라는 간호사의 말이 들린다. 긴 면봉을 들고 밀어 넣는다. 뻥 뚫린 두 구멍 사이로 코로나19가 꿈틀대며 들어오는 것 같다. 고개를 뒤로 한 번 젖히고 다시 제자리로 오는 동안 몸은 움찔하며 경직되어 버린다. 호흡기는 마비되어 감각을 잃어 간다. 제4차 유행을 막기 위해 어쩔 수 없는 일이라지만 고통이 뒤따른다. 살짝 괜히 왔다는 생각마저 들 정도이다.

　코로나19로 죽음의 공포가 거세게 밀려온 것은 사실이다. 지금 상황으로는 언제쯤 백신 접종을 하는지 알 수 없다. 이제는 몸도, 마음도, 정신적으로도 지쳐간다. 비확진자들도 이러한데 확진자들은 어떠했으랴. 검사를 통해 몸으로 경험해보니 그동안 짐작만 해왔던 고통이 실감이 된다. 예기치 않은 후유증도 있을 수 있다니 이 전염병으로 인한 고통의 크기는 가늠하기가 어렵다.

　괴롭고 힘든 시간을 지날 때, 기억들은 **빼빼**이 고개를 내민다. 어느 해, 봄이었다. 내가 근무하던 병원에서 옴이라는 전염병이 유행했었다. 옴은 전염성이 아주 강한 기생충성 피부질환이다. 몸 여기저기 작은 물집이 생긴다. 한 사람이 걸리면 다른 사람들에게 다 전파되는 병이다. 환자와 함께 병원에서 생활하는 의료진들은 언제나 감염의 위험에 노출되어 있었다. 다시금 내 앞에 앉은 간호사의 얼굴을 바라본다.

이제 음성이냐, 양성이냐의 문제만 남았다. 언젠가부터 코로나19는 새로운 기준이 되었다. 확진자와 비확진자, 백신을 맞은 사람과 맞지 않은 사람, 이 사태로 손해를 보는 사람과 이익을 보는 사람으로 나뉘었다. 사람만이 아니라 나라도 마찬가지이다. 방역 선진국과 후진국, 백신 보유국과 비보유국, 최초의 발병국에 보내는 혐오도 결국은 코로나19가 기준이다.

그러나 코로나19의 위력은 그 전염성에 있다. 지금은 안전하다지만 언제까지 안전이 보장될지는 모르는 일이다. 불확실한 사회 앞에 개인주의는 더욱 강해진다. 그 틈으로 변이 바이러스의 전염 속도는 따라 잡을 수 없을 만큼 빠르다. 언제라도 기준의 앞뒤는 뒤바뀔 수 있다. 개인 방역이라도 철저하게 지켜야 한다.

작고 동그란 통의 뚜껑을 닫으며 내일 아침 11시까지 자가격리하라는 간호사의 말이 반갑기만 하다. 검사가 끝나기가 무섭게 의자에서 일어선다. 마치 포로수용소에서 석방되어 자유라도 얻은 듯하다. 선별진료소를 나서며 뒤돌아보니 하얀 방호복을 입은 간호사들은 여전히 그곳에서 분주하다. 이제야 코로나19로 고생하는 의료진들의 수고가 보인다.

CPR(심폐소생술)

　병원 대강당이다. 한낮의 햇빛이 강당에 모인 사람들 사이로 나른한 입자들을 퍼뜨리고 있다. 오늘의 교육은 생과 사를 가르는 심폐소생술(CPR)이다.
　무대 위에는 실습용 마네킹이 파란색 직사각형 매트 위에 누워있다. 하얀색 바탕에 붉은 선이 있는 점퍼를 입고, 목에는 꽃무늬 스카프를 매 놓았다. 옆에는 심장충격기가 들어있는 가방이 있다. 그 붉은 가방을 보니 긴장감이 올라온다.
　"심장은 우리 몸에서 어디에 있을까요?"라고 안전교육 전담 의사가 묻는다. 정확히 말하면 심장은 쇄골과 명치 바로 위 1/3 지점에 있다. 심폐소생술의 과정은 이렇다. 먼저 환자의 의식을 확인한다. 119에 연락을 한 후, 흉부를 압박한다. 분당

100~120회 속도로 30회 압박을 한다. 한 손으로 이마를 뒤로 젖히고 다른 손으로 턱을 잡아 올린다. 인공호흡은 1초간 2회다. 환자가 호흡을 되찾으면 환자를 옆으로 눕힌다. 환자의 한쪽 팔을 머릿밑으로 받쳐준다. 기도로 이물질이 들어가지 않게 방지해야 하기 때문이다.

지난여름, 목욕탕에서의 일이었다. 할머니 한 분이 건식 사우나실로 들어갔다. 할머니는 자주 사우나를 즐기시는 분이라 아무도 걱정하지 않았다. 나는 평소와 같이 온탕에서 목욕하고 있었다. 누군가 건식 사우나에 들어가더니 "119, 119" 하면서 큰소리로 외쳤다.

급한 마음으로 119에 신고를 하고, 모인 사람들과 함께 앞으로 꼬꾸라져 있는 할머니를 바로 눕혔다. 그때 어떤 분이 심폐소생술을 시작했다. 생과 사를 가르는 4분의 골든타임이었다. 두 손은 깍지를 끼고 팔은 구부리지 않은 상태로 흉골 부분을 압박했다. 할머니는 여전히 의식이 없었다. 끝까지 살려야한다는 염원으로 모두 한마음이 되었다. 이미 손에는 청색증이 보였다. 나도 곁에 있는 사람들과 함께 팔다리를 주물렀다.

땀이 쉴 틈 없이 주르륵주르륵 얼굴을 타고 흘렀다. 그 순간 천천히 호흡하며 두 눈을 깜빡거리는 할머니의 얼굴이 보였다. 모두 다 이제야 살았다 하며 손뼉을 치며 기뻐했다.

응급처치를 하신 분은 50대 후반으로 보이는 중년 여성이었다. 어찌나 고맙고 멋있던지. 만약에 심폐소생술을 할 줄 아는 사람이 없어서 사망하는 일이 생겼다면 얼마나 안타까운 일이었을까, 아찔한 생각이 들었다. 할머니는 중년 여성에게 살려줘서 고맙다는 말을 몇 번이나 하고 집으로 돌아갔다.

옆에 앉은 동료가 어깨를 툭 친다. 드디어 내 차례가 되었다. 배운 대로 깍지를 끼고 열심히 누르다 보니 정말 마네킹의 심장이 뛰는 듯했다. 실습을 마치고 무대 위에서 내려와 자리에 앉았다. 생명을 살릴 수 있는 심폐소생술 교육을 받을 수 있다는 것에 감사한 마음이다. 더 많은 장소에서도 심폐소생술 기기가 배치되어 많은 생명을 살릴 수 있기를 바란다.

배냇향

창문을 열었다. 봄빛으로 물든 천성산이 시야에 가득 찬다. 연분홍 꽃잎은 초록 잎사귀 사이로 흩날리고 있다. 때를 만난 나무들이 푸른 기운을 양껏 들이마신다. 산을 손가락으로 쿡 누르면 짙은 녹색 물이 들 것 같다. 살며시 눈을 감는다. 가닥가닥 실핏줄을 타고 온몸으로 봄이 전송 중이다. 내친 김에 각박하던 일상에 방점을 찍듯 말차 한 잔을 준비한다.

그녀를 만난 것은 지인으로부터 받은 한 장의 초대장 때문이었다. 덕분에 S대학에서 시행하는 말차 생활 다례에 관한 발표회장에 참석했다. 차 생활을 지도하는 사람들이 무대 위에서 엄숙하게 행다의식을 연출하고 있었다. 그 속에 단아하게 한복을 차려입은 그녀가 있었다.

그녀는 말차의 거품을 내기 위해 중간에 뜸들이기를 하였다. 솥이 바닥에 닿게 되면 거품이 잘 일지 않기 때문일까, 검정실로 묶은 솥의 이음새 부분을 조심스럽게 앞쪽으로 당겼다. 들숨과 날숨을 쉬며 기다림으로 시간의 여백을 채우고 있었다. 얼추 뜸이 들었을 즈음 옷자락 사이로 살짝 내미는 하얀 손의 떨림, 차선을 잡은 손의 유연한 움직임은 한 마리 학이 내려앉는 듯 품위가 흘렀다.

천천히, 그리고 부드럽게 거품내기를 마친 그녀는 미세한 거품이 사그라지기 전에 찻사발을 두 손으로 감싸 쥐고 말차를 마셨다. 거품이 많은 것을 한눈에 알 수 있었다. 차를 다 마신 후 찻사발에 남은 향기를 맡고 찻사발을 내려놓았다. 살며시 두 눈을 감고 잠시 기다렸다가 입안에 남은 차의 뒷맛을 감상하는 모습이 너무나 인상적이었다.

그녀를 따라 그날 처음으로 말차를 마셨다. 희한하게도 그녀가 연출하던 고상한 맛은 흔적도 없이 사라지고 입안에서 빙빙 도는 것은 녹색 가루의 쓴맛뿐이었다. 그렇게 말차는 나에게 입 안 가득 쓴 향으로 다가왔다.

일그러진 나의 표정을 보자 그녀는 그것이 말차의 배냇향이라고 말해 주었다. 타고 나면서부터 지니고 있는 쓰디쓴 향이라는 뜻일 거라 막연하게 추측했다. 나도 그녀처럼 배냇향을 느끼고 싶었다. 어떻게 하면 그윽한 향을 만날 수 있을까, 한동안 뇌리를 떠나지 않는 화두였다.

그해 봄 학기, 다도의 이론과 실기 수업에 참여를 하면서 정식으로 말차를 배우게 되었다. 새로운 도전의 첫 걸음이었다. 차광에서 재배한 차 잎을 증기로 찐 다음, 다시 건조시켜 맷돌과 같은 기계를 사용해 아주 미세하게 갈아서 만든 가루차가 말차다. 녹차가 차의 영혼을 마시는 것이라면 말차는 영육을 함께 즐기는 셈이었다. 당연, 녹차와는 또 다른 멋과 맛이 거기에 있었다. 영혼과 육신을 맑게 가다듬는 하나의 의식과도 같았다. 초심자인 내게는 그 모든 것이 신선하고 좋아보였다.

먼저, 차 숟가락으로 말차 가루를 두 스푼 정도 떠서 찻사발에 넣는다. 찻잔 한 잔 정도의 물을 붓고 솔을 세워 끝으로 바닥의 차를 살짝 풀어 주어야 한다. 엄지, 검지, 중지로 손잡이를 잡고 손은 가볍게, 차선은 무거운 듯 휘젓는 과정이 생각보다 힘들다. 천천히 젖다가, 서서히 **빠르게**, 마칠 때는 다시 느린 동작으로 돌아온다. 왼쪽으로 천천히 원을 그리듯 멈춰 거품이 고르게 되도록 한 뒤 차선을 한 번 가볍게 톡 치고 내려놓으면 끝이다. 찻사발 안에 차 가루와 끓인 물이 휘돌며 섞이는 모습이 복잡한 인생과 많이 닮아있다 싶으면서 묘한 매력까지 느껴졌다.

그 무렵, 근무하던 직장에 많은 변화가 있었다. 새로운 직원이 들어왔다. 기존의 직원이 새로운 사람과 적응을 못해 퇴사하고 말았다. 감정의 기복이 심해 사람을 너무 피곤하게 한다는 이유였다. 후임으로 20대 젊은 친구가 들어왔으나 이번에는 상사와 싸운 후 바로 사직서를 내고 말았다. 안타까운 일이었다. 직원이 자꾸 바뀌다 보니 업무량은 많아지고, 새로운 사람과 익숙해져야 한다는 것이 힘들었다. 사람과 사람 사이에서 일어나는 모든 것들이 스트레스로 다가왔다. 결국 신입에 대한 면접과 교육이 내 몫으로 돌아왔지만, 누군가를 책임져야 한다는 것 자체가 무한 부담이었다.

스트레스로 인해 가슴에서 불덩어리가 치밀어 오를 때마다 쓰디쓴 말차를 마셨다. 물을 끓이고 차분하게 차를 준비하는 동안 회오리처럼 나를 몰아치던 오만가지 감정들을 다독였다. 전차처럼 달리는 감정들에 잠시 브레이크를 거는 순간이었다.

불같이 일던 화의 근원을 더듬는 동안 말차는 말없이 곁을 지켜 주었다. 쓴맛에 이력이 붙을 즈음, 차에서 색다른 맛이 느껴졌다. 마법 같은 고소한 맛에 취하기 시작했다. 그 맛은 나의 몸과 마음을 신선하게 만들어 주었다. 내게 익숙해져 가는 그 향이 오래전 그녀가 말하던 배냇향이 아니었을까.

  습관처럼 사람을 앞두고도 배냇향을 떠올리게 되었다. 좋고 싫고 옳고 그르고, 내 안에서 타인을 재던 잣대들이 얼마나 주관적인가를 비로소 깨닫게 되었다. 말차의 가루가 풀어지듯 천천히 마음의 문을 열고 신입에게 먼저 손을 내밀었다. 생각처럼 쉬운 일은 아니었지만 단숨에 되는 일이 있으랴. 말차를 기다렸던 것처럼, 내가 미처 알아차리지 못한 그 사람의 진면목을 향해 한 걸음씩 다가가기로 했다. 어느새 내 안의 불덩어리도 조금씩 사위어 가는 듯 안달복달 하던 마음도 수굿해졌다. 그녀처럼, 이제는 나도 말차와 하나가 되어 가고 있는가 보다.

  순수를 풀어 찻사발에 띄운다. 방안 가득 요란하게 끓고 있는 물소리를 붙잡는다. 어지러운 마음을 날려 보내기에 좋은 날이다.

길을 내려다보며

 아파트 18층으로 이사를 했다. 시야를 가리는 것이 아무것도 없다. 앞 베란다에 있는 의자에 앉아 창밖을 내다본다. 좌측으로는 회야강이 유유히 흐른다. 강변 옆으로 새로운 도로가 생겼다. 새로운 길과 강은 자연스럽게 조화를 이룬다. 남쪽으로는 7번 국도가 보인다. 부산으로 이어지는 길이다. 그 도로를 따라 고층 아파트가 즐비하다.
 상가 뒤쪽에는 일정한 간격을 두고 원룸 건물들이 고개를 내민다. 건물 뒤쪽으로는 뒤안길, 노인의 등처럼 휘어진 굽잇길, 가장 가까운 방향으로 질러가는 지름길, 그리고 오르막길과 내리막길, 자동차가 많이 다니는 큰길, 사람이 많이 다니는 한길, 그 곁으로 갈라져 나간 속길들이 실핏줄처럼 퍼져있다.

새삼 길들이 많다는 것과 길과 길이 서로 통해 있다는 사실에 조금 놀란다. 그냥 알고만 있던 사실을 이렇게 눈앞에서 확인하니 묘한 기분이 든다. 그 길로 차들과 사람들이 다니는 것을 내려다본다. 마치 길들이 생물 같다. 이 길들은 끊임없이 어디로 가는 것일까. 어쩌면 길들은 필요에 따라 새 길을 내며 스스로 성장해 가는 것은 아닐까.

바다와 산이 어우러진 곳에서 어린 시절을 보낸 나는 산으로 나무를 하러 다니던 때가 있었다. 초등학교 3학년이나 되었을까. 물질을 하러 어머니가 바다로 가시면 나는 친구들과 마을 뒷산에 올랐다. 우선 솔방울을 줍고 잔가지들을 모아 작은 나뭇짐을 꾸렸다. 올라갈 때는 앞만 보고 가다 보니 길이 있는지 없는지도 몰랐다. 그저 작은 몸 하나 빠져나갈 틈만 있으면, 그 사이를 비집고 올랐다. 다른 친구들보다 나무를 더 많이 하고 싶은 욕심 때문이었다.

그러나 내려올 때는 사정이 달랐다. 몸의 균형을 잡기가 힘들었다. 나뭇짐을 머리에 이고 있었기 때문이었다. 그제야 우리는 길이 없는 산등성이를 생각 없이 올랐다는 것을 알게 되었다. 어느 곳에서나 앞장서서 가는 친구가 있는 법이다. 산을 잘 아는 친구였다. 모두 그 친구가 걷는 길을 따라 걸었다. 때로는 길이 막혀 갈 수 없을 때는 왔던 길을 되돌아갔다.

어느 날은 돌아가는 길이 지름길이 되었다. 같은 길을 뱅뱅 돌기도 했다. 그래도 길은 늘 목적지를 향해 있는지 우여곡절 끝에 집으로 돌아왔다. 몰골이 말이 아니었다. 눈앞에 있는 것만 보고 가다 보면 자칫 길을 벗어날 수 있다. 자신이 가고 있는 길이 어떤 길인지도 알기 어렵다. 앞이 보이지 않을 때 길을 빨리 찾을 수 있다면 얼마나 좋을까.

급작스럽게 큰 장애물을 만났다. 쉰하고도 중반의 가을이 지나쳐 갈 때 잘 다니던 직장을 퇴직해야 하나 마나 하는 형편에 놓였다. 언제부터인가 직장의 경영이 흔들리더니 점점 어두운 터널 속으로 달려가고 있었다. 직장을 계속 다니고 싶은 것은 현실적인 욕심이었다. 욕심을 버리기가 쉽지 않았다. 계속 욕심을 갖고 길을 걸으면, 그 길의 방향을 가늠할 수 없으리라는 것을 알 만한 나이가 되었는지 나는 결단을 내렸다.

퇴직을 하자 날마다 익숙하던 길이 사라져 버렸다. 어쩔 수 없이 처음 걸어 보는 길로 접어들었다. 후회는 없었다. 미련 없이 직진했다. 시간은 자유를 찾아 날개를 달았다. 하고 싶은 일들은 종이 위에서 차례를 기다리고 있었다. 마치 없던 길들이 내 앞에 생겨나는 것 같았다. 한동안 아침마다 뜨는 해가 새 길들을 비추었다.

그러나 어찌하리. 까마귀 날자 배 떨어진다는 말처럼 코로나19가 찾아왔다. 예상하지도 않았던 상황이 모든 길들을 막았다. 마스크가 답답하게 숨길을 눌렀다. 우울한 나날의 연속이었다. 무엇하나 마음대로 할 수 있는 것이 없었다. 자유가 있으나 자유롭지 못한 나날들. 캄캄한 시간 속에서 길을 찾아 헤매었다.

코로나19는 단지 비대면의 길만을 허락했다. 요양병원에 입원해 계신 친정어머니와의 면회는 비대면으로 일주일에 한 번씩 가능했다가, 이제는 아예 만날 수 없게 되었다. 매일 전화기 너머로 들려오는 어머니의 목소리에 울컥울컥 목이 멨다.

"괜찮다. 내 걱정은 마라. 나는 잘 있다."

자식들 걱정부터 하시는 어머니께 내일이 되면 분명 새로운 길이 열릴 것이라고 외치고 싶었다.

창문을 열어 맑은 공기를 마신다. 팔을 벌리며 몸을 돌린다. 강변 옆으로 공사 중인 길이 보인다. 처음 보는 길이다. 없던 길도 필요하면 만들어 가는 것이 길이 아닌가. 언젠가 우리 모두의 눈앞에 일상을 회복하는 새로운 길 하나 돋아나 시원스레 뻗어나가리라는 희망을 품어본다.

소리를 따라가다

"띵동 띵동"

퇴근 후, 저녁 준비를 하려는데 벨이 울렸다. 현관문을 열었다. 체격이 크고, 스포츠형 머리를 한 남자가 서 있었다. 방금 샤워를 했는지 머리카락이 물기에 젖어 있었다. 미처 수건으로 닦지도 못하고 올라오다니 한눈에도 다급한 모양이었다.

"위층에서 울리는 소리 때문에 아이들이 잠을 자면서 깜짝깜짝 놀랍니다." 애써 솟아오르는 화를 참는지 그의 목소리는 착 가라앉아 있었다. 낯선 남자는 이사 온 지 몇 주 되지 않았다며 무슨 단서라도 잡을 듯이 나의 어깨너머 집안을 여기저기 둘러보았다. 젊은 남자의 무례한 행동에 기분이 상했다.

"어떤 소리 때문에 그러세요?"

"무언가를 바닥에 끄는 소리가 들리는데요."

우리 집은 지금 아무것도 하지 않고 있는 상태라고 했다. 게다가 우리는 맞벌이라서 집에 있는 시간이 많지 않으며, 딸아이는 다른 도시에서 공부하기 때문에 주말이면 온다고 설명했다. 우리 집에서 나온 소리가 확실한 것이냐고 물었다. 나의 말을 듣는지 마는지 그는 여전히 매의 눈으로 집안을 살폈다. 그러더니 아무리 생각해도 이 집은 아닌 것 같다고 혼자 말을 하고는 고개만 갸우뚱거리며 그냥 가버렸다.

"띵똥 띵똥"

현관문 앞에 아래층 남자가 오른손을 머리에 올려놓은 자세로 서 있었다. 자신의 아내가 다시 확인해 보라고 해서 왔다고 했다. 또 한 번 집안을 둘러보겠단다. 괜찮으니까 들어오라고 했더니 소리가 날 것 같은 물건을 찾으며 돌아다녔다. 확인해 봐도 별문제를 찾지 못했는지 그의 얼굴에 계면쩍은 표정이 스쳤다. 잠시 망설이던 그는 자신의 아내가 유달리 예민한 사람이라며 말끝을 흐렸다. 아니나 다를까, 이사 오기 전 아파트에서 층간 소음으로 문제가 좀 있었다고 했다.

그 뒤로 소리에 대한 작은 스트레스가 생기기 시작했다. 우리 집에서 울리는 소리가 아님에도 불구하고 자꾸만 아래층에서 올라오니 속이 상했다. TV를 보고 있는데 마침 아파트 층간 소음이 원인이 된 살인 사건이 보도되었다. 얼마나 힘들었으면 그랬을까 하는 생각을 해보았다. 아래층 남자도 몇 번 민원을 넣었다가 아무런 조치가 이루어지지 않는다면 무슨 큰일을 낼 수도 있지 않겠는가. 문득 두렵고 불안한 생각이 들었다.

그날 저녁 아래층에서 싸우는 소리가 들렸다. 남자가 위층이 아니라고 하는데 여자는 자꾸만 항의하는 모양이었다. 부부간의 소리가 높아지니까 아이들의 울음소리와 그 남자의 고함이 통로를 따라 울렸다. 나로서는 어이가 없는 일이었다. 밤에 누워도 잠이 오지 않았다. 자세히 알지도 못하면서 무조건 윗 집이라고 판단하는 것 자체가 이해할 수 없었다.

천장만 뚫어져라 쳐다보며 생각했다. 소리가 도대체 어디서 나는 것일까. 작은 소리를 따라가며 유심히 들었다. 복도를 따라 들리는 것 같기도 하고, 어디선가 울리는 소리, 현관문 닫는 소리, 종잡을 수 없는 소리가 들리기 시작했다. 조용하다가 갑자기 어디에 숨어 있었다는 듯 불쑥 나타났다 사라졌다. 마치 소리에 지능이 있는지 꼬리를 감추는 것 같기도 했다. 자신들의 진원지를 들키지 않기 위해 숨어 있는 것이 아닐까 하는 생각도 들었다.

어느 늦은 밤에 위층에서 쿵쿵거리는 소리가 들렸다. 어디서 들리는 소리인지는 모르지만, 망치로 바닥을 치는 소리 같았다. 순간 현관문을 여는 소리와 동시에 아래층 남자의 고함이 통로를 따라 울렸다. 그 소리에 놀라 이래저래 불안한 마음이 들어 관리실에 전화했다. 이웃을 신고하는 것 같아서 마음이 편치 않았다.

관리실에서 이웃 주민을 배려해 층간 소음을 줄이자는 방송을 했다. 그 후 엘리베이터를 타니까 하얀 바탕에 붉은 글씨로 쓰인 같은 내용의 공고문이 보였다. 순간 이 문제가 조금은 해결이 될 것 같았다. 주민들도 엘리베이터를 타고 내릴 때마다 공문을 보아서일까, 조금씩 소리가 잦아들었다.

나는 지금까지 나름대로 이웃을 배려하며 살아왔다지만, 바쁘게 살다 보니 나도 모르게 소리를 내는 것에 대해 무감각했었는지도 모르겠다. 붉은 글씨가 소리에 대한 감각을 일깨워 주었는지 나부터 조심하게 되었다. 무엇보다 현관문을 조용하게 닫았다. 늦은 밤에는 세탁기를 사용하지 않았다. 방과 방 사이,

소리를 따라가다 155

거실을 오고 갈 때도 슬리퍼를 신었다. 혹여 나의 몸무게 때문에 아래층에 발소리가 들릴까 해서다.

    그날 이후, 그나마 평화가 찾아왔다. 소리라는 것이 나는 곳과 들리는 곳이 다를 수도 있다는 것을 알게 되었다. 원인과 결과 사이에 많은 것들이 끼어들 수 있다. 요즈음처럼 정보가 넘치는 시대에는 들리지 않는 소리도 많다. 그 정보들 역시 잡다한 것들이 섞여들어 왜곡되지 않던가. 소리의 근원을 찾을 수 없는 경우도 허다하다. 그저 들리는 소리만 듣고 판단하다가는 실수를 한다. 위층에서 소리가 들린다고 해서 무조건 그 곳에서 나는 소리가 아니라는 말이다.

    가끔 한 번씩 엘리베이터에서 아래층 남자를 만난다. 인사를 하는 둥 마는 둥 고개를 까딱거린다. 겉으로는 그렇게 해도 속으로는 미안하게 생각하는지 모르겠다. 이번 일을 계기로 그 남자도 조금은 그런 사실을 알았으면 좋겠다.

촛불

　스탠드 불빛이 딸의 머리로 쏟아지고 있다. 흘러내린 머리칼 사이로 보이는 얼굴이 창백하다. 책상에 엎드린 어깨가 영 불편해 보인다. 침대에서 편히 자면 좋으련만 아직은 그럴 여유가 없는 모양이다. 얇은 모포를 찾아 어깨를 덮는다. 모포 위로 좁은 어깨가 도드라진다. 평소보다 더 말라 보인다. 얼마나 속을 태웠을까. 가슴이 뜨거워지면서 목젖이 뻑뻑해진다.

　침대에 앉았다. 책상에 엎드려 잠든 아이를 바라본다. 불빛이 부신지 눈을 찡그리지만 잠을 깨지는 않는다. 몇 날 며칠을 고심하다가 내린 결정이었다. 최선을 다하고 싶었을 것이다. 사흘 밤낮을 몰아치더니 오늘 밤은 이기지 못했나 보다. 나는 어둠속에서 머리 위를 비추는 동그란 불빛을 쳐다본다.

강당의 불이 꺼지자 학생들이 들고 있는 촛불이 풍등처럼 떠올랐다. 촛불을 든 채 두 손을 모은 아이들이 두 줄로 서서 강단으로 향했다. 중앙에서 양쪽으로 갈라져 계단을 오르자 촛불의 행렬은 하트 모양이 되었다. 곧이어 '희생과 사랑'을 맹세하는 나이팅게일 선서가 낭독되었다. 이제 스물두 살, 순백의 마음으로 환자의 아픔과 외로움을 보듬겠다고 서원했다. 지금까지는 이론을 공부했고 앞으로 남은 기간 동안 실습과 함께 국가고시를 치러야 하는 과정이 남아 있다.

딸이 간호대학을 지원하겠다고 했을 때 사실 반가운 마음보다 걱정이 더 되었다. 오랜 세월 의료계에 몸담은 나로서는 간호사의 직무가 만만치 않다는 것을 알기 때문이었다. 고통을 호소하는 환자들을 한결같은 마음으로 대하는 것은 어려운 일이다. 게다가 사람의 생명을 다루기에 그로 인한 스트레스도 크다. 또 병원이라는 조직에서의 인간관계도 쉬운 일이 아니다. 그래도 아이는 제 고집을 꺾지 않았다.

촛불은 심지에 불이 붙으면 곧 바로 자신을 녹이기 시작한다. 딱딱한 몸이 녹으면 눈물 같은 액체가 고인다. 액체는 심지를 타고 올라가 흔들리는 촛불에 빛을 더한다. 촛불은 눈부시지 않다. 눈살을 찌푸리지 않고도 바라볼 수 있는 빛이다. 제 스스로를 태워서 빛을 내는, 가장 낮은 곳에서 어둠을 밝히는 빛이다.

4년간의 공부를 마치고, 지방 의료원에 입사하게 되었다. 이제 간호사로서의 첫걸음을 뗀 것이다. 부모의 품 안에서, 학교의 울타리 안에서 보호받으며 지내왔다. 그래도 시립이면 사설 병원보다 시스템이나 처우가 낫지 않을까 하는 기대도 있었다. 딸도 만족하는 눈치였다. 면접을 마치고 상기된 표정으로 돌아왔다. 나는 아이의 눈빛에서 설렘으로 타오르는 촛불의 불빛을 보았다.

촛불은 어느 누구의 에너지도 뺏어오지 않는다. 다만 홀로 타오른다. 그러니 작은 바람 앞에서도 흔들리는 것은 당연한 일인지도 모르겠다. 처음 직장에서의 어려움을 토로해 왔을 때 한번은 넘어야 하는 고비라고 타일렀다. 누구나 그렇고 누구도 그렇다. 사회생활이라는 것이 원래 그런 것이다. 너도 좀 지나면 익숙해질 것이다. 그러니 너무 마음에 두지 말고 털어버려라. 보호막 속에 있던 촛불이 찬바람 부는 세상으로 나왔으니 피할 수 없는 일이라고…. 내 이야기를 듣는 아이의 눈이 까무

룩 깊어지는 것 같았다. 나는 충고를 받아들였다고 생각했다.
 촛불은 산소를 필요로 한다는 데에 있어서 생명과 다름없다. 사람에게 있어 그것은 그 사람을 인정하고 따뜻하게 격려하는 손길일 것이다. 딸은 한동안 연락을 해오지 않았다. 무소식이 희소식이라고 나름 적응하고 있나 보다 했다. 그러나 나는 내 훈계가 용기를 준 것이 아니라 마음의 문을 닫도록 했다는 것을 얼마 지나지 않아 깨달았다. 산소가 차단된 촛불이 꺼질 듯 잦아드는 것처럼 가까스로 뱉어내는 아이의 목소리에 나는 혼비백산하지 않을 수 없었다.
 얼마 전 TV에서 간호사들 사이의 '태움'이라는 문화에 대해 보도하던 것이 머리를 스쳤다. '태움'이란 영혼이 재가 될 때까지 태운다는 뜻으로 직장 내 끝없는 괴롭힘을 일컫는다. 대개 직속 상사가 되는 간호사가 업무를 교육시킨다는 명목으로 교묘하게 행하는 학대이다. 고함을 지르고 짜증을 내며 비웃고 따돌리는 일을 서슴지 않는다. 과도한 과제를 내줌으로써 잠을 잘 수도 없게 한다. 업무미숙을 빌미삼아 마음에 난도질을 한다. 자존심이 상하는 것은 물론이고 그 속을 들여다보면 인권유린의 현장이 따로 없다. '가르침'을 핑계로 '갈굼'을 계속함으로써 자존감을 짓뭉개버리는 것이다. 근래 이 '태움'을 당한 간호사가 스스로 생을 단념하는 사건이 잇따르기도 했다.

통곡을 하고 나서 겨우 하는 말들은 '태움'과 다를 것이 없었다. 아무리 곱씹어 봐도 아이의 잘못이라고 하기에는 그 과정들이 너무나 처절했다. 이런 지경인지도 모르고 일방적인 충고만 해댔으니 절망감은 더 깊어졌으리라. 내 가슴에 안겨 흘리는 눈물이 뜨거운 촛농처럼 마음에 화인을 남겼다.

가족회의 끝에 병원을 그만두기로 했다. 이 상태에서 환자에게 최선을 다할 수 없음은 분명한 일이다. 피폐해진 심신으로 치명적인 실수를 하지 않는다는 보장도 없다. 병원에 항의할 생각도 했으나 아이가 원치 않았다. 거대한 시스템 앞에서 하나의 촛불은 너무도 희미했다.

어디서부터 이런 악습이 비롯되었을까. 고통 받는 사람들의 몸과 마음을 따뜻이 어루만지는 간호사들 사이에서 어떻게 이런 일들이 있을 수가 있을까. 간호사들의 열악한 업무환경과 격무는 어제오늘의 일이 아니다. 어쩌면 스스로를 태우는 희생을 강요해온 우리 사회가 빚은 폐단은 아닐까. 이런저런 생각들로 바람에 일렁이는 촛불처럼 마음이 어지러웠다.

아이는 밝혔던 촛불을 잠시 끄기로 했다. 간호학에 관한 공부를 좀 더 심도 있게 하기로 한 것이다. 세상의 쓴맛을 보았으니 각오도 남다를 것이다. 며칠을 쉬며 제 방을 정리하더니 가방을 메고 도서관으로 출근을 하기 시작했다. 나름의 목표와 계획을 써서 책상머리에 붙여 놓았다. 그 밑에 불 꺼진 양초가 놓여있는 것이 보인다. 촛불에 다시 불을 밝힐 때는 좀 더 단단한 심지로, 좀 더 밝은 빛으로 타오르기를 바라본다. 나이팅게일 선서식 때의 아이처럼 나도 마음의 촛불을 밝히고 두 손을 모은다.

제4부 난 괜찮다

난 괜찮다

바람 한 점 없는 날이다. 8월의 쨍쨍한 날씨가 생명까지 위협하는 듯하다. 휴대 전화에 긴급 재난 문자가 들어온다. 노약자와 어린아이들은 외출을 자제하라고 한다. 한여름의 땡볕은 마당에 멈춰 선 자동차 머리 위에도 앉아 있다. 친정집에 도착해 차 문을 열고 내리자 기다렸다는 듯이 열기가 달려든다.

집에는 팔순을 한참이나 넘긴 아버지가 혼자 살인적인 더위를 이기고 있다. 어머니는 보이지 않는다. 여기저기 기웃기웃하며 찾다가 아버지께 여쭤보았다. 뭔가를 숨기려는 듯 우물쭈물하는 아버지의 힘없는 목소리가 들려온다. 어머니가 공공근로를 가셨다는 것이다. 잔잔한 바다 같은 마음이 갑자기 뒤집힌다. 복받쳐 오르는 속울음으로 시퍼렇게 멍이 드는 것처럼 가슴이 뻐근해진다. 이렇게 더운 날에 바깥에서 헤매는 어머니를 생각하니 억장이 무너지며 심장이 쓰리다.

다급한 마음에 신발을 신는 시간도 더디게 흘러간다. 차 키를 들고 어머니를 찾으러 시동을 건다. 먼저 동네 한 바퀴를 돌아보기로 한다. 어디에 계시는지 아무리 찾아도 보이지 않는다. 다시 다음 동네로 찾아가던 중, 노란색 바탕의 조끼를 입은 어른들이 몇몇 보인다. 넓은 창이 있는 모자, 얼굴을 다 가리는 마스크, 누가 누구인지 알아볼 수가 없다. 어머니와 비슷한 어른을 붙잡고 어디로 가면 공공근로 하시는 어른들을 만날 수 있는지 여쭤본다.

동네마다 구역이 정해져 있다고 한다. 답답함이 땀이 되어 흐른다. 감사하다는 말씀을 전하고 차의 방향을 왔던 길로 다시 돌린다. 되돌아가던 길에 작은 슈퍼가 보인다. 아쉬운 대로 아이스크림을 잔뜩 산다. 차의 시동을 걸고 급하게 달린다. 태양은 더욱더 이글거리며 아스팔트 도로를 태우고 있다. 드디어 나의 시야에 어머니의 모습이 보인다. 한쪽 길가에 차를 세우고 내린다. 잠시 망설이다가 천천히 일행을 따라 걷는다.

어머니는 결혼해서 지금까지 한 번도 쉬어 본 적이 없었다.

낮이고 밤이고 일에 파묻혀 보냈다. 밭일이 끝나면 논일이 어머니를 기다렸다. 하루 종일 태양을 머리에 이고 살아 온 세월이었다. 추수가 끝나고 타작을 한 후 벼를 담은 40kg짜리 포대를 머리에 이고 집으로 올 때면 땀은 이미 겉옷까지 적시고 있곤 했다.

마지막 한 방울까지 쥐어짜듯이 지나온 세월 속에서 끝없이 땀을 흘린 어머니였다. 일하는 중간 중간에 들숨과 날숨을 쉴 때, 세상을 원망이라도 하듯 숨소리마저 고르지 않았다. 그런데 지금 나의 눈앞에 다시 비 오듯이 땀을 흘리며 휴지를 줍고 있는 모습이 보인다.

참다못해 큰 소리로 어머니를 부른다. 금방이라도 숨이 턱하고 막힐 것 같은 더위 속에서 반가움은 잠시 일렁이다가 곧 증발하고 만다. 공공근로를 하고 계신 동네 어르신들께 아이스크림을 나눠드린다. 그늘에 앉아 모자를 벗자 어머니의 머리카락은 물에 빠진 것처럼 흥건하게 젖어 있다. 그 와중에도 오랜만에 찾아온 막내딸 자랑을 하느라 정신이 없다. 그런 모습을 보니 더 속이 쓰리고 아프다. 하지 말라고 하는 일을 왜 하느냐며 어머니를 책망하는데 나도 모르게 눈물이 흘러내린다.

풍족하지는 않지만 그렇다고 공공근로를 해야 할 만큼 형편이 어려운 것은 아니다. 자식도 넷이나 있다. 꼭 필요한 것이 있으면 의논을 하면 되는 일이다. 재난 문자까지 오는 이 무더운 날에 어머니는 이렇게까지 자식 걱정을 시키고 싶으신 걸까. 무슨 고집이 이리도 세단 말인가. 나는 볼 안에 불만을 가득 담고 마구 해댄다.

그때 옆에 있던 어르신 한 분이 나를 나무라는 듯이 한마디를 하신다.

"딸이 엄마에게 용돈을 많이 줘 봐라. 엄마가 이 더운 날에 일하시겠냐?"

그 말이 화살처럼 가슴에 와 박힌다. 요즘 내가 어머니에게 얼마나 용돈을 드렸던가 생각하다가 순간 머리가 멍해진다.

어머니는 늘 '괜찮다'라는 말을 입에 달고 살았다. 필요한 것이 없느냐는 말에도, 용돈을 좀 드릴까 하는 말에도, 어디 아픈 데는 없느냐는 말에도 대답은 늘 '괜찮다'였다. 그 말에 준비해 갔던 용돈 봉투를 슬며시 다시 가지고 돌아온 적도 많았었다. 정말로 괜찮은 줄 알았다. 아니 사실은 언제나 괜찮은 존재이기를 은근히 바랐다고 하는 것이 맞는 말일 것이다. 자식의 이기심이다.

    자식은 열 개를 받고도 하나를 더 바라고, 어머니는 열 개를 주고도 하나를 더 주지 못해 애가 타는 법이라는 말을 들은 적이 있다. 자식은 어머니에게 달라고 할 수 있어도, 어머니는 자식에게 그리하지 못하는 법이다. 행여 내 자식이 힘들어할까 염려하기 때문이다. 어머니의 사랑이다.

    공공근로 하는 일행이 다시 거리를 청소하기 시작한다. 나는 그분들 뒤에서 말없이 쓰레기를 같이 줍는다. 차 안에 있는 쓰레기까지 끌어내 어머니의 자루를 채운다. 어머니는 갑자기 나타난 막내딸이 자루를 채워주니 흡족해하시는 표정이다. 주위 어르신들이 힐끗힐끗 부러운 시선을 보낸다. 지금 여기서는 쓰레기 자루를 먼저 채우는 사람이 제일이다.

    청소 구역이 끝난다. 쓰레기 자루들은 청소차가 거둬 가도록 한곳에 모아 놓는다. 굽혔던 허리를 펴는 어머니의 입에서 긴 한숨 소리가 흘러나온다. 서로 인사를 주고받으며 어르신들이 흩어진다. 나는 말없이 묵묵히 차로 돌아온다.

    차에 시동을 걸며 옆에 앉은 어머니를 바라본다. 이마에 젖은 머리카락이 찰싹 달라 붙어 있다. 오늘만큼은 어머니에게 용돈을 좀 넉넉히 드리고 가리라 생각한다. 그리고 짐짓 여쭈어본다.

"어머니, 허리는 좀 어떠세요? 아프지 않으세요?"

역시나 예상했던 대답이 돌아온다.

"난 괜찮다."

익숙한 말이지만 이제는 그 속뜻을 알 것도 같다.

봄날이

바람소리가 들려온다. 모처럼 쉬고 있는 빈 가지를 흔들어 놓고 저만치 도망가는 장난꾸러기 바람이다. 간간이 바람이 불어도 햇살은 따스하고 까슬까슬하다. 겨울이지만 포근한 아침이라 그런지 공원에 제법 사람이 많다.

그 틈에 끼어 공원을 네 바퀴 돌았다. 누가 내 속에서 숨 끝을 잡아당기기라도 하는 것처럼 허덕인다. 찬 공기를 듬뿍 마시니 폐가 깨끗하게 샤워를 한 기분이다. 숨이 차도 정신은 번쩍 든다. 공원 끝 팔각정 모퉁이를 돌아서 의자에 철퍼덕 주저앉는다. 저만치 저수지를 망연히 바라보고 있는데, 조금 전에 같이 공원을 돌던 할머니와 강아지 한 마리가 내 옆에 와 앉는다. '봄날이'다. 봄날이는 아직도 숨을 몰아쉬는 나를 의아한 눈으로 바라본다.

삼년 전만 해도 이 근린공원은 작은 저수지 아래서 밭농사를 짓는 농부 부부가 살고 있던 땅이었다. 아침이면 장닭의 울음소리가 새벽을 깨웠다. 부지런한 농부의 집에서 구수한 밥 짓는 냄새가 바람을 타고 우리 집까지 배달되기도 했다. 우리 집 베란다 창문으로 저수지와 농부의 밭이 훤히 내다보였다.

어느 날, 시에서 그곳에 공원을 조성했다. 저수지는 돌담으로 둘레를 장식하고 중간에 분수대를 만들었다. 팔각정 옆으로 벚나무, 소나무들이 심어졌다. 의자와 벤치 등이 놓여지고 깨끗한 화장실까지 만들었다. 아파트 바로 옆에 작은 공원이 들어선 것이다.

이 공원을 이용하는 사람들은 주로 우리 아파트 어르신들이다. 산책도 하고 운동 기구를 이용해 운동도 하며 벤치에 앉아 볕바라기도 한다. 그런데 요즘은 강아지를 데리고 공원에 오시는 어르신들이 많다. 어떤 어르신은 고양이를 동반하기도 한다. 천만 애완동물 시대라고 하더니, 반려동물과 함께하는 사람들이 많아졌다. 공원은 개방적인 곳이니 목줄을 잘 착용하고 배변처리만 깔끔히 하면 문제 될 것이 없다. 강아지와 어르신들이 어울려 함께 동행하는 모습이 보기 좋다.

공원은 오랜만에 찾아와도 기꺼이 자리를 내어 준다. 그동안 왜 안 왔느냐, 무얼 했느냐 묻지도 따지지도 않는다. 예고 없이 언제 찾아 와도 편안하게 맞아준다. 그래서 그런지 이곳에서 만나 인사하는 할머니들은 자신들의 이야기를 허심탄회하게 들려주기도 한다. 주로 영감 흉과 자식 자랑이지만 말이다.

그 중에서 유독 인자한 미소가 얼굴에서 떠나지 않는 할머니 한 분이 있다. 자그마한 체구의 할머니는 빨간 모자를 즐겨 쓰시는데, 그 모자는 내가 베란다 창문으로 공원을 바라볼 때 할머니를 식별하는 표시가 되어준다. 할머니는 조그마한 갈색 강아지와 함께 천천히 공원을 여러 바퀴 돌곤 한다. 나는 가끔씩 베란다 정리를 하면서 할머니의 뒤를 눈으로 쫓기도 한다.

예전에 할머니는 아파트 마을버스 정류장 안쪽 의자에 하루 종일 우두커니 앉아 계시곤 했다. 딱히 외출을 하지 않으면서 오가는 사람들을 멀거니 바라보는 것으로 낙을 삼는 듯했다. 표정도 밝지 않고 우울해 보였다. 그런데 그 할머니가 요즘은 빨간 모자를 쓰고 강아지와 함께 공원을 산책하시는 것이다.

지난해 봄날, 아들이 혼자 계신 어머니를 위해 강아지를 선물했다고 한다. 그래서 강아지의 이름이 봄날이란다. 87세의 할머니에게 봄날이 찾아 온 것이다. 그날부터 봄날이는 할머니의 또 다른 자식이 되었으리라. 자식도 품안의 자식이다. 둥지를 떠나버린 자식은 어미에게 외로움만 더해 줄 뿐이었다. 상상을 해 보건데, 평생 자식을 키우는 일에 가장 많은 마음을 쓰셨던 할머니의 휑한 가슴을 봄날이가 채워 주었을 것이다. 할머니는 봄날이와 함께 다니면서부터 부쩍 미소가 많아지셨다.

봄날이는 푸들이다. 초코색의 곱슬곱슬한 털이 빼곡하게 나 있다. 영리하고 애교가 많아 집안에서 키우기 좋은 반려견이란다. 털이 뭉치지 않도록 매일매일 빗겨 주어야 하며 관절이 약하기 때문에 안을 때 다리 아래를 감싸듯이 안아 줘야 한다는 것은 할머니로부터 들은 정보이다. 봄날이에 대해 말할 때면 할머니의 목소리는 지저귀는 새소리처럼 가볍고 유쾌해진다.

사실 강아지를 키운다는 것은 여간 손이 가는 일이 아니다. 물과 음식을 가려서 주어야 한다. 제때 운동을 시키지 않으면 우울증에 걸릴 확률이 높아진단다. 목욕도 해주어야 하고 가끔씩은 몸이 피곤해도 놀아주는 것이 좋다.

할머니에게 봄날이를 키우는 것이 힘들지 않느냐고 여쭤보았다. 힘이 많이 들지만 어떻게 하느냐며 한마디로 개수발든다는 심정으로 키운다며 웃으시는 것이었다. 말이야 개수발이라지만 마음으로는 자식을 키우는 심정이라는 것을 느낄 수 있었다. 할머니는 아직은 괜찮지만 나중에 내가 요양병원으로 가게 되면 봄날이를 어떻게 하면 좋겠냐며 깊은 한숨을 쉬었다.

언젠가 TV에서 본 기억이 난다. 혼자 사는 어르신들에게 반려견을 키우게 하면 우울증 발병 횟수가 낮아진다는 연구결과가 나왔다고 한다. 말벗도 되어주고 외출에서 돌아오면 반갑게 맞아주는 것이 마음의 위로가 되기 때문이란다. 굳이 연구결과를 빌리지 않아도 짐작이 가는 이야기이다.

지금까지 할머니는 자식들을 키우면서 살았다. 지금은 자식이 성장해서 떠난 빈 공간에 외롭고 쓸쓸한 노년의 삶을 살아가고 있다. 바쁘게 돌아가는 세상은 노인에게 곁을 내어주지 않는다. 어디 그런 어르신들이 하나 둘이랴. 간혹 유모차에 강아지를 태우고 다니는 할머니들이 있다. 웃고만 지나갈 일이 아니다. 노년의 가장 무서운 적은 외로움이다.

봄날이가 할머니의 무릎에 턱을 괴고 있다. 봄날이와 할머니는 서로를 지키고 의지하며 살아가는 진정한 반려의 파트너이다. 할머니의 다정한 목소리가 바람결에 들려온다. 마치 엄마가 어린 자식에게 말을 하는 것 같다.

"봄날아, 어서 와. 엄마 따라 가야지. 집에 가자."

일어서는 할머니를 따라 봄날이가 벤치에서 폴짝 뛰어내린다. 손을 흔들며 집으로 돌아가는 할머니를 봄날이가 총총거리며 따라간다. 그 뒤를 눈으로 배웅하며 할머니와 봄날이의 봄날이 오래도록 이어지기를 마음으로 빌어본다.

오늘도 수고했어요

 천성산 아래 숲속의 복지시설이다. 복도 끝, 작업치료실 앞에 멈춰 선다. 문에는 흰색 바탕 위에 붉은 글씨로 '외부인 출입 금지'라고 적힌 종이가 붙어 있다. 순간적으로 긴 호흡을 한 번 한다. 코로나19마저도 넘어 오지 못하도록 철저한 방어 태세다. "똑 똑 똑" 문을 두드리는 손가락에 나도 모르는 힘이 잔뜩 들어있다. 출입문을 열고 교실로 들어간다.
 네모난 테이블을 중심으로 흰색 마스크를 착용한 참여자들은 소리 없이 내리는 눈송이처럼 앉아 있다. 한 차례 밝은 빛줄기가 휩쓸고 간 교실이 한갓지다. 창틀에 놓인 허브 장미는 가느다란 몸으로 교실 안을 기웃거리는 햇발을 따라다닌다. 이미 눈은 테이블 위로 향한다.

정신장애인들을 대상으로 문학 수업이 있는 날이다. 코로나19로 인해 2년여 동안 수업이 없었다. 단계적 일상 회복에 접어들어 오랜만에 하는 대면 수업이다. 참여자들 앞에 서서 간단하게 오늘 수업에 대한 목표를 말한다. 어느새 함박눈이 소복하게 쌓여 가듯이 침묵 속에 스무 개의 눈동자가 나에게 향한다. 아름다운 눈동자마다 열정이 반짝반짝 빛이 난다.

문학 수업은 텍스트로 문학을 사용한다. 소설, 수필, 동화, 시가 만나는 수업이다. 길고 짧은 입원 생활을 지나 퇴원을 하고, 사회로 복귀하기 위한 준비 과정이다. 참여자들 간의 이해를 돕기 위해 한 주간의 소소한 일상부터 이야기한다. 편안하고 자연스럽게 자신의 이야기를 표현하도록 도와주면 되는 수업이다.

수업하기 위해 수필 한 편을 프린트해서 모두에게 나눠준다. 한 방향으로 돌아가면서 한 단락씩 읽도록 한다. 이다온 작가의 「달항아리」라는 작품을 선정할 때 조금은 염려스러웠다. 작가의 암 투병에 관한 글이기 때문이다. 신이 암이라는 시련을 한마디 말도 없이 그녀에게 주었다. 마치 툭! 돌멩이를 던지듯이 무심하게. 달항아리 같은 가슴을 수술하고 가족들의 관심으로 조금씩 치유되는 이야기다. 참여자들 또한 자신의 생각저장소에 어느 날 예고 없이 신이 아무렇지도 않게 툭! 돌멩이 하나를 던진 것은 아닐까 싶다. 그날부터 그 돌멩이는 그들 장애의 원인이 되었다.

나는 그들의 표정을 살핀다. 상처를 건드리지는 않을까. 조심스럽다. 수업 때마다 텍스트 선정이 어렵다는 것을 느낀다. 이럴 때 문학치료사라는 호칭은 내 옷이 아닌 것 같아 어색하다. 기대와 불안이 엇갈린다.

"수필을 읽고 나니 어떤 생각이 나세요?"

"수필에서 어떤 느낌이 드나요?"

"간단하게 내용을 말해도 좋아요."

"그래도 잘 모르겠다면 어떤 한 문장을 읽어도 좋습니다."

"편안하고 자유롭게 표현해 주세요."

참여자들의 속 이야기를 끌어낼 마중물을 열심히 부어본다. 왼쪽 세 번째 자리에 앉아 있는 참여자가 먼저 입을 뗀다.

"자신의 사라진 가슴 이야기를 달항아리에 잘 표현했어요."

이번에는 그 옆자리의 참여자이다.

"암 투병 생활인데 아픔을 담담하게 견뎌서 좋아요."

걸걸하고 힘이 있는 목소리다.

뒤를 이어 여기저기 자발적으로 자신의 의견을 거침없이 쏟아낸다. 그동안 이야기할 대상이 없었던 것일까. 다행히 선택된 텍스트가 참여자들의 마음에 다가갔나 보다. 하지만 무슨 말을 어떻게 해야 할지 몰라서 고개를 푹 숙이고 있는 참여자도 있다. 나에게 말을 걸지 않았으면 하는 기색이 역력하다. 자신이 없어 주저주저해도 기회를 준다. 한 마디라도 할 수 있도록 한다. 자신의 마음을 표현하는 방법이 서툴러도 "참 잘했어요." 하고 칭찬하면, 한 손으로 머리를 긁적이며 쑥스러운지 소리 없이 웃는다.

미소를 따라 시간이 바람처럼 스쳐 간다. 또 다른 텍스트는 자신의 체험을 바탕으로 하는 글쓰기이다. 주제는 어린 시절의 추억으로 한다. 심중에 쌓인 이야기가 노트 안으로 흘러나오고 있다. 펜을 따라 서성이는 추억의 발걸음 소리가 교실 안을 나직하게 채운다. 개인들의 경험이 어떤 통찰이 되어 걸어 나올지 기대가 된다.

테이블 오른쪽으로 돌아가며 한 사람씩 진솔한 이야기를 발표한다. 애완용으로 키운 거북이 이야기, 아버지와 함께 겨울

빙판에서 얼음을 탄 추억, 친구들과 딱지 친 놀이 등 자신의 체험을 나눈다. 대부분 밝은 사연들이다. 어릴 때의 시간은 돌멩이가 만들어낸 파장 바깥에 있다. 이때 왼쪽 첫 번째 자리에 앉은 참여자가 깊이 생각하듯 말을 꺼낸다. 참여자들이 발표하는데도 끝까지 말없이 앉아 있던 육십 대 초반으로 보이는 여성이다.

"글쓰기를 하니까 나 자신을 뒤돌아보게 됩니다. 나이 들어 자신의 얼굴에 책임을 져야 한다는 생각이고요, 평소에 말하지 못했던 것들을 표현할 수 있어 좋아요. 그런데 모두다 밝은 경험을 이야기하네요. 저도 다음에는 아픈 이야기보다 밝은 체험을 말하고 싶은 용기가 생깁니다."

말을 마친 그녀는 다시 수줍어한다.

문학은 한 인간의 삶과 상처를 드러내는 것이다. 다른 사람들과 나의 아픈 상처를 공유하고 소통하며 위로를 얻고, 그런 과정을 거쳐서 치유의 길로 가는 것이리라. 한 사람 한 사람 자신의 상처를 드러내게 하는 문학 텍스트가 어우렁더우렁 흐르는 시간을 끌어안는다.

서로의 삶은 달라도 지금 여기 이렇게 섞이고 하나가 되어 지나가는 시간 위에 자신들의 흔적을 남긴다. 살아가면서 생긴 상처들은 돌멩이처럼 내면으로 침잠한다. 상처들을 밖으로 풀어내는 과정은 생각보다 힘들다. 아리스토텔레스는 『시학』에서 "문학은 인간의 감정을 치유하고 세척한다."라고 했다. 그 상처들이 떠오르며 씻겨 달항아리가 된다. 참여자들의 얼굴이 조금은 밝아진 것 같다.

  나는 그들을 바라보며 '오늘도 수고했어요.'라고 가만히 속삭인다.

고구마 사랑

문자 한 통이 날아든다. 친정에서 농사를 짓고 있는 지인이다. 고구마를 캐는 날이니 판매를 한다는 것이다. 잠시의 망설임도 없이 한 상자를 주문한다. 지금도 앞 베란다 볕이 들지 않는 그늘진 곳에서 고구마 모양이 선명하게 그려진 상자가 놓여 있다. 날마다 먹고 있는 꿀고구마가 또다시 나를 유혹한다.

작년 한 해는 고구마 12박스를 먹었다. 에어프라이어기 덕분이다. 고구마의 품종이 좋든 안 좋든 상관없이 에어프라이어기에 들어가면 꿀이 뚝뚝 떨어지는 군고구마로 변한다. 올해는 긴 장마와 큰 태풍으로 인해 고구마 값이 비싸다고 한다. 그래도 나의 고구마 사랑은 변함이 없다. 지금도 에어프라이어기 안에서 노릇노릇 구워지고 있는 고구마를 기다리는 중이다.

해마다 가을이면, 우리 집 밭에서도 자주색 고구마를 캤다. 고구마를 캐기 위해서는 먼저 푸른색의 줄기를 들어내야 했다. 고구마 줄기는 절대 고개를 드는 법이 없었다. 땅에 바짝 붙어 어두운 땅속 깊이 여러 갈래의 가는 실 같은 뿌리를 내렸다. 그 겸손한 줄기가 주는 영양분을 먹으며 고구마는 보이지 않는 곳에 숨어서 자랐다. 땅속에 있는 고구마를 찾는 재미가 제법 쏠쏠했다. 워낙 깊숙이 있어서 호미로 잘못 건드리면 껍질에 상처가 생겼다. 아주 큰 고구마를 캐면 나도 모르게 손뼉을 쳤다. 땅속에서 어떻게 이런 고구마가 생기는지 신기하기만 했다.

　우리 집 마루 밑에 광이 있었다. 햇빛이 잘 들지 않는 마루 밑은 어두컴컴했다. 고구마를 저장하기에 딱 좋은 장소였다. 그 안에서 단단하고 울퉁불퉁한 자주색 고구마가 무더기로 자리 잡았다. 고구마는 마치 땅속 같은 마루 밑 광에서 봄이 되도록 생기를 잃지 않았다.

　마땅하게 주전부리가 없던 시절이었다. 뛰어놀다가 들어오면 의례히 마루 밑의 광으로 내려가 고구마를 꺼내 생으로 깎아 먹었다. 고구마의 모양은 다양했다. 한 손으로 잡기에 딱 좋은 고구마는 보기도 좋았다. 밭에서 호미로 캐다가 상처 난 흔적의 고구마는 바다의 생굴같은 흰색의 진액으로 자신을 보호하고 있었다. 가늘고 길쭉한 모양의 고구마는 마치 꽈배기 모양처럼 요염했다. 예쁜 모양 순서대로 줄을 세워 놓고 깎아 먹었다.

보통은 삶아서 먹기도 하고, 아궁이에 불씨가 남으면 구워 먹기도 했다. 어쩌다가 불 조절이 잘못되면 시커멓게 태우기도 했지만, 탄 껍질을 벗기면 그 속에는 마치 뜨거운 아이스크림처럼 달콤한 고구마의 속살이 가득했다. 엄마가 소쿠리에 고구마를 가득 삶아 놓고 밭에 가시는 날은 운이 좋은 날이었다. 김치를 얹어 가며 먹고 또 먹어도 질리지 않았다. 어쨌든 나는 자주색 고구마가 많이 있는 것을 보기만 해도 배가 불렀다.

고구마는 구황작물이다. 흉년이 들면 고구마는 도리어 더 많은 수확을 낸다. 배고프고 마음이 힘든 사람들에게 고구마는 따뜻한 온기와 포만감으로 희망을 주는 것이다. 울퉁불퉁 못난이 우리 집 고구마도 보이지 않은 곳에서 언제나 나를 채워 주는 힘이 있었다.

마루와 벽을 사이에 두고 춥지도 덥지도 않은 광이 나는 언제나 편안했다. 얇은 담요처럼 어스름한 어둠이 나를 감싸는 그 공간이 좋았다. 배고픔을 잊게 해주는 흙에서 나는 냄새, 바깥의 소리가 한 겹 잦아들며 스미는 적당한 고요, 약간 어깨를 움츠리게 하는 서늘함이 괜히 좋았다. 광속에 앉아 있으면 땅속에서 크는 고구마처럼 나도 아무도 보지 않은 곳에서 자라나고 있는 것 같았다.

저장성이 좋은 고구마는 겨우내 먹을 수 있다. 고구마의 종류에는 자색고구마, 호박고구마, 물고구마, 밤고구마가 있다. 그중에서 껍질이 붉으며 연한 속살을 가지고 있는 물고구마는 습기가 많은 곳에서 자란다. 수분이 상대적으로 많아 엄마가 좋아하는 고구마. 수분이 적은 곳에서 자라는 밤고구마는 밤처럼 달콤한 맛이 난다. 입 안에서 침이 많이 나오지 않으면 먹기가 힘들다. 그래도 포만감을 느끼기에는 밤고구마가 그저 그만이다.

다양한 간식으로 만들어지는 자색고구마는 특히 튀김용으로 많이 쓰인다. 고구마가 보라색인 이유는 안토시아닌이라는 색소 때문이다. 안토시아닌은 항산화 작용이 뛰어난 영양소로 알려져 있다. 노화 방지, 시력 보호, 콜레스테롤 감소 효과에 좋다고 한다. 속살이 호박처럼 노란빛이 도는 호박고구마는 익히면 말랑말랑해서 군고구마 용으로 많이 먹는다.

결혼하고 추석 명절 때의 일이다. 시어머님 산소에 가서 성묘하고 난 후, 식구들과 둘러 앉아 챙겨간 음식을 먹었다. 시동생도 고구마를 좋아했다. 순식간에 고구마튀김이 사라지니 시동생이 나를 놀렸다. 나는 서러움에 눈물을 흘렸다. 친정에서는 마음껏 먹던 고구마인데, 시댁에서 구박을 받는 것 같았다. 그때는 그게 그렇게 섭섭할 수가 없었다. 시동생은 장난인데 그것을 진담으로 받아들이냐고 하면서 나를 달래 주었다. 나의 고구마 사랑을 알지 못하는 시동생이었다.

"띵 똥!"

에어프라이어에서 고구마가 노릇노릇하게 다 구워졌다고 귀여운 소리를 울린다. 남이 알아주지 않아도 보이지 않은 땅속에서 꿋꿋하게 자라는 고구마. 투박하고 수수하지만 배고프고 힘든 사람들 곁을 든든하게 지켜주는 고구마. 평소에는 눈에 안 띄고 조용하게 자기 할 일을 하다가 위기에 처하면 소리 없이 나타나 도와주는 고구마 같은 사람들이 많아졌으면 하는 바람도 가져본다. 에어프라이어에서 고구마를 꺼낸다. 고구마와 지내다 보면 긴긴 겨울도 심심치 않게 보낼 수 있을 것 같다.

갈증

하천을 따라 산책을 나섰다. 산벚나무들이 가을의 끝에서 나뭇잎과의 이별을 앞두고 있다. 곱게 물들었던 잎들은 바스락거리며 원래의 자리로 돌아갈 준비를 한다. 태양이 나무들 머리 위에 머문다. 그 열기 때문인지 나뭇가지도 이미 윤기를 잃었다. 끝이 말라가기 시작한 잎들이 불어오는 바람을 온몸으로 맞으며 흔들린다.

한때는 저 나뭇잎들도 싱그러운 때가 있었으리라. 때맞춰 내리는 비로 대지가 수분을 품고 있었을 때, 나무뿌리는 그 수분을 끌어올려 나뭇잎들을 반짝이게 했다. 살아 있다는 것은 수분을 맘껏 함유하고 있다는 것. 수분이 풍부할 때 생명은 살아 숨을 쉰다. 물은 생명의 기원이다.

그해 겨울은 유달리 가물었다. 아무리 겨울이라지만 여러 달 비가 내리지 않았다. 낙엽마저 바스러지며 흙으로 돌아가고 있었다. 그즈음 아버지는 허리가 아프다며 가까운 병원에 입원하셨다. 처음에는 단순한 정형외과 진료라 생각했다. 그러나 병명은 요로결석이었다. 가족들이 걱정하자 의사는 요즘은 의술이 좋아 레이저로 간단하게 시술할 수 있다며 안심시켰다.

막상 뚜껑을 열어보니 그리 간단한 일이 아니었다. 아버지의 연세는 이미 구순에 가까웠다. 요로결석조차도 버거운 상대였다. 바싹 마른 겨울나무 같은 아버지의 몸은 독한 항생제를 감당하기 힘들었다. 하루가 다르게 메말라갔다. 멀쩡하게 두 발로 병원에 걸어 들어가서 이제는 몸을 가눌 수 없는 상황이 되어 버렸다.

그런 와중에 코로나19는 진정되지 않아 면회조차 할 수 없었다. 아버지의 병실 생활은 그때부터 고립 그 자체였다. 홀로 쓸쓸한 회색빛 콘크리트 병실에서 삶을 참아낼 수밖에 없었다. 그나마 의지할 수 있었던 것은, 한 손에 잡고 소통할 수 있는 휴대폰뿐이었다.

아버지는 예고 없는 병마와 힘겹게 싸우고 있었다. 매일 전화기 너머로 조금만 힘내고 견디시라는 말을 반복했다. 고통은 점점 아버지를 힘들게 했다. 정신이 혼미해질 때는 가족의 목소리마저 듣지 못하는 날이 많아지기 시작했다. 전화를 끊고 나면 가슴속으로 메마른 겨울바람이 불어왔다.

마침내 피하고 싶은 그 시간이 찾아왔다. 아버지의 병상에서 마지막 면회가 이루어졌다. 코로나19 때문에 가족들은 한 명씩만 입원실로 들어갈 수 있었다. 작별의 인사를 하기 위해 아버지와 마주 보았다. 한쪽 눈만 겨우 뜨고 계신 아버지. 움푹한 볼에는 퍼석한 각질이 들떠있고, 입술은 바싹 말라버린 나뭇잎처럼 메말라 보였다.

물 한 모금 마시고 싶으신 것일까. 아버지의 깊은 갈증이 느껴져 가슴이 타들어 갔다. 나도 모르게 눈물이 두 볼을 타고 흘러내렸다. 종이컵에 물을 부어 조금이나마 아버지의 목마름을 적셔드렸다. 물에 적신 수건으로 아버지의 물기 없는 얼굴을 깨끗하게 닦아드리며 말했다.

"아버지의 딸로 태어나서 행복했어요. 부디 좋은 곳으로 가세요."

아버지는 고개를 조금 움직이셨다. 아버지라는 이름을 입 밖으로 밀어내니 가슴이 턱 막히고 울컥울컥 목구멍으로 슬픔 덩어리가 넘어왔다. 떨리는 손으로 아버지의 마른 손을 잡았다. 따뜻한 체온이 느껴졌다.

급작스런 이별이었다. 바스락거리던 나뭇잎이 떨어졌다. 떨어진 잎은 하얀 수세포를 덮고 우리 곁을 떠나갔다. 보름간의 입원 생활도 마침표를 찍었다. 여든일곱 번째 생신을 한 달 남겨두고 홀연히 이승을 떠나셨다.

아버지는 어머니가 미리 준비해 두었던 수의를 입고 있었다. 영영 돌아올 수 없는 길을 떠나는 아버지 앞에 섰다. 홑바지, 겹바지에 허리춤에는 허리끈으로 단단히 묶어 놓은 매듭이 보였다. 넓은 도포 소맷자락이 가지런하게 놓여있었다. 염사는 마지막 인사를 하라고 했다. 눈물만 그렁거리며 지켜보는 이별식이었다.

수의를 입은 아버지는 수분을 가득 머금고 있었다. 바싹 말라 금방이라도 바스라질 것 같았던 입술은 어디로 가고 없었다. 염사의 노력 덕분일까. 죽음 안에서도 물기 어린 생생함이 느껴졌다. 어느 때보다도 촉촉한 얼굴은 세상 가장 편안한 모습이었다. 어린아이처럼 순수하고 맑았다. 그 모습은 살아 있는 가족들을 위로하기에 부족함이 없었다. 가족들은 각자 장미 한 송이씩 들고 누워 계신 아버지 주위를 돌았다. 싱싱한 장미의 향이 아버지를 감쌌다.

그렇게 아버지는 우리 곁을 떠나가셨다. 고향 바다와 마주보고 서 있는 한 그루 소나무 아래로 아버지를 모셨다. 평생을 바다와 함께 살다 가신 인생이었다. 폭풍을 만나도, 이글거리는 태양을 마주해도 뒤로 물러서지 않았다. 일이 잘 풀리지 않을 때 담배로 갈증을 달래시던 아버지. 그러나 피우면 피울수록 생의 갈증은 또 다른 목마름이 되었을 터였다. 이제는 출렁이는 저 푸른 바다가 아버지의 갈증을 영원히 풀어 줄 것이리라.

마치 그때처럼 말라있는 나뭇잎의 입술을 적셔주고 싶은 충동이 인다. 조금 비껴 선 태양이 산벚나무 그림자를 늘이고 있다. 스치는 바람에서 문득 흙냄새가 난다. 저 멀리 산등성이에 회색 구름이 낮게 깔려 있다. 바싹 마른 나뭇잎이 사르르 몸을 떤다. 나뭇잎이 흔들리며 바람이 지나는 길을 비워준다.

살아 있는 존재들은 늘 갈증을 느낀다. 살아간다는 것은, 순간이 아니라 계속 영위되어야 하는 시간들이기 때문이다. 몸의 갈증은 물로 해갈하지만 때로는 그 무엇으로도 풀 수 없는 마음의 갈증도 있다. 목마른 그리움을 안고 산벚나무 길을 걸어 나온다. 물기를 품은 바람 한 줄기가 또다시 불어온다.

빈집

창밖으로 검은 커튼처럼 어둠이 드리워졌다. 유난히 짙은 어둠이다. 저녁을 먹고 찻잔을 들고 거실 베란다 창가에 선다. 건너편 새 고층 아파트 창마다 하얀빛 조명이 밝다. 마치 밤하늘의 별처럼 반짝인다. 별들로 장식한 거대한 트리 같기도 하다. 큰길로 나있는 단지 입구는 대낮 같이 환하다. 한동안 바라보고 있자니 눈이 피로해진다. 새것은 언제나 눈이 부시다.

눈을 돌려 앞 동을 바라본다. 오래된 우리 아파트는 어둠에 잠긴 채 몇몇 창만이 희미한 눈을 뜨고 있다. 짙어지는 어둠에 눈꺼풀이 무거워졌는지 창 하나에 불이 꺼진다. 마치 쏟아지는 잠에 쓰러지지 않으려고 안간힘을 쓰고 있는 것처럼 느껴진다. 이 낡은 아파트의 불 꺼진 창들은 대부분 빈집이다.

오늘 아침에도 이삿짐센터 차가 주차장에 들어왔다. 세워둔 자동차를 잠시 이동해 달라는 전화를 받았다. 나가보니 윗집에서 이삿짐을 내리고 있었다. 그동안 윗집, 아랫집으로 살았지만 크게 다투지 않고 잘 살았다. 그런데 윗집 아들이 새 아파트를 분양 받았단다. 새집에서 살게 되어 좋다며 자랑을 했다. 부러우면서도 왠지 씁쓸한 기분이었다. 앞집에 사는 할머니는 요양병원에 입원하신지가 벌써 석 달이 되어간다. 그 집도 매매로 내 놓은 상태다. 또 하나의 집이 빈다. 내 마음 한 칸이 비어 버린 듯 허전해진다.

지금 살고 있는 집으로 처음 이사 왔을 때가 생각난다. 아파트 값이 한창 치솟을 때였다. 한마디로 집이 귀할 때 집을 장만했었다. 그때는 우리 라인에 젊은 사람들이 많이 살았다. 아이들도 많아서 활기가 넘쳤다. 마침 우리 집 아이와 같은 학교에 다니는 친구들도 많았다. 아이들이 이 둥지에서 성장을 하는 동안 아파트는 점점 낡아갔다. 그리고 이제는 더 좋은 아파트를 분양 받은 부모를 따라 그들도 둥지를 떠나고 없다.

집이 투자 상품으로써 가치를 지닐 때는 수십 년 지난 낡은 아파트라도 집값이 얼마든지 오른다. 하지만 지금은 상황이 다르다. 신축 아파트일수록 집값이 상대적으로 비싼 반면, 노후한 아파트일수록 집값이 떨어져 버린다.

낡은 아파트가 팔리기도 전에 새 아파트로 이사 가는 사람들이 갈수록 많아진다. 밤늦게 돌아오면 창문에 불빛이 거의 없다. 불 꺼진 창들이 떠나버린 사람들의 뒷모습처럼 쓸쓸하다. 캄캄한 분위기는 불안감과 함께 얕은 절망감마저 불러온다. 어두운 창문이 어찌나 서늘한지. 새삼스레 주위를 둘러본다.

한참을 바라봐도 어두운 창에 불은 켜지지 않았다. 그 친구의 집은 동네 어귀에 있었다. 단짝은 아니었지만 시골 동네라 우리는 제법 어울려 놀았다. 활달하고 덜렁대던 나와는 달리 친구는 수줍음이 많고 조용한 성격이었다. 그러다보니 평소에는 별 존재감을 느끼지 못했던 것 같다. 그러던 그녀가 전학을 간다는 소문이 돌았다.

도시로 이사 간다고 했다. 조금 서운하기는 했지만, 나는 그러려니 했다. 아마도 심각하게 이별을 받아들이기에는 너무 어렸던 모양이다.

친구의 집은 팔리지를 않았는지 한동안 빈집으로 있었다. 학교를 오가며 그 빈집 앞을 지나쳤다. 그런데 이상하게도 친구가 살고 있었을 때는 아무렇지도 않았던 집이 내 눈길을 끌었다. 닫혀 있는 대문과 나지막한 담장 너머로 보이는 친구의 방 창문이 자꾸만 바라다보였다. 어느 날 밤에 그 집 앞을 지나다 어두운 창문을 보았다. 불 꺼진 창이 어둠 속에 액자처럼 걸려있었다. 때로는 밝은 것보다 어두운 것이, 가득 찬 것보다 텅 빈 것이 더 뚜렷하게 보인다는 것을 그때 알았다.

새 아파트는 근린공원을 사이에 두고 나란히 서 있다. 겉과 속이 꽉 차 있는 건물, 위풍당당한 아파트에 잠시 기가 죽는다. 저곳에 사는 사람들은 능력이 있어 저렇게 좋은 아파트에 살고, 그동안 나는 빚 안지고 살려고 아등바등 거리며 이 낡은 아파트를 벗어나지 못하고 있었구나하는 못난 생각이 잠시 머리를 스친다.

우리 아파트에 남아 있는 사람들은 연세가 많거나 홀로 지내거나 하는 분들이 많다. 우리 라인은 특히 어르신들의 비중이 크다. 외로운 생활을 하다 보니 늘 사람이 고프신 분들이다. 김치 담는 날이면 검은 비닐봉지에 담아 우리 집 현관 손잡이에 걸어 놓고 가시는 6층 어머니도 계시고, 텃밭에서 가꾼 채소를 수시로 놓고 가시는 11층 할머니도 계신다. 매정한 도시의 아파트에서 살아가고 있지만, 그래도 가슴 한쪽에는 따뜻함을 느끼며 살아왔다.

너나 나나 좋은 아파트에 살고 싶은 마음이야 왜 없으랴. 마음 한켠에 어둠이 스며들며 쓸쓸해진다. 이런저런 이유로 낡은 아파트는 변두리가 되고 있다. 문득 시대의 파도에 밀린 오래된 아파트가 마치 달동네처럼 다가온다. 이곳뿐만이 아닐 것이다. 전국 곳곳의 낡은 아파트들도 이렇지 않을까. 잠시 생각의 꼬리를 물어본다. 결국 빈집들은 빈 공간으로 방치되고 서서히 버려지게 되는 것인가. 인구 감소에 따른 빈집 증가에 관심이 필요하다는 생각을 해 본다.

얼마 전 퇴직금에 그동안 모았던 적금을 보태 나도 새로운 아파트를 계약했다. 멀지 않아 이곳을 떠나야 한다. 발 빠르게 먼저 떠난 사람들을 뒤따라 떠나야 하는 마음이 먹먹하다. 힘들고 지칠 때 편안함을 주었던 둥지이다. 하루가 다르게 전세가 오를 때에도 아무런 걱정 없이 생활 할 수 있도록 해준 고마운 집이다. 낡아버렸다는 이유로 그간의 정을 버리는 것 같아 마음이 편치 않다.

반쯤 열린 창문을 닫는다. 한쪽에서는 집이 비싸다고 야단이고, 한쪽에서는 빈집이 늘어도 들어와 사는 사람이 없다. 세상이야 언제나 아이러니의 연속이지만, 부디 내가 떠날 이 집이 빈집이 되지 않고 누군가의 온기를 지켜주는 집으로 남았으면 좋겠다. 어둠이 내리고 밤이 되면 별빛처럼 반짝이지는 않더라도, 창문으로 따뜻한 불빛 한 줄기 흘러나오는 집으로 남았으면 하는 바람이다. 오늘따라 거실 등을 끄는 손길이 잠시 머뭇거려진다.

여백

 우리 동네 회야강 길을 걷는다. 강 양쪽으로 아파트가 있어 많은 사람들이 이용한다. 강을 따라 상큼한 향수를 뿌려 놓았는지 코끝이 산뜻하다.
 강변으로 접어든다. 천둥오리 한 쌍이 찬바람에 몸을 움츠린다. 바람에 일렁이는 물결이 아파트 건물 사이로 삐져나온 햇살에 춤을 춘다. 언제 피었는지 연보라색 나팔꽃이 활짝 웃는다. 갈대는 이리저리 머리를 손질하느라 분주하다. 막 세수를 했는지 빛나는 회야강은 가을을 향해 자연의 시간 속을 지나간다.
 한동안 이 강도 몸살을 했다. 사람들의 무관심 속에서 망가질 대로 망가졌었다. 부산과 울산이라는 두 대도시 사이에 있다 보니 언제부터인가 사람들이 모여들었다. 천성산 아래 조용한

읍이던 이곳이 네 동으로 분동이 될 만큼 도시화 되었다. 하루가 다르게 발전도 했지만, 오염도 뒤따랐다. 알게 모르게 쓰레기와 오폐수가 강으로 흘러들었다. 악취가 나고 해마다 찾아오던 철새들도 사라졌다.

그나마 다행스러운 것은 죽어가던 강이 주민들을 위한 새로운 공간으로 태어났다는 것이다. 누군가가 위기 상황을 감지하였던 모양이다. 강으로 연결되는 실개천들을 정비하고 바닥을 준설했다. 그리고 양쪽으로 둘레길을 만들고 가로등도 달았다. 가로등 아래 매달려 있는 스피커에서는 노래가 들리고, 사람들의 살아가는 이야기도 소소하게 들린다. 덕분에 지금 이 순간 강도, 둘레길을 걷는 사람들도 자연의 일부가 되어 그 속에서 살아가고 있다.

고개를 들어 하늘을 본다. 파란 하늘이 더욱 높아 보인다. 그 하늘을 배경으로 가을이 다가오는 공간 안에 내가 들어 있다. 수십 년 다니던 직장을 떠나온 후 처음 맞는 가을이다. 처음에는 내게 주어진 시간들이 선물을 받은 것처럼 좋았다. 평소 가고 싶었던 곳을 돌아다니며 그 시간을 나에게 주기로 했다. 자주 보고 싶었던 친구들을 만나 그들에게도 나의 시간을 선물

했다. 그런데 그런 시간들 사이로 가을 낙엽처럼 허전함이 내려앉았다. 뭔가 원래 속했던 것으로부터 분리된 느낌이랄까. 나는 가끔씩 알 수 없는 허전함에 어찌할 바를 모르고 서성거리곤 했다.

그럴 때마다 나는 걸었다. 산에도 가고 공원도 찾고 둘레길도 나섰다. 강을 끼고 둥글둥글 이어지는 길에 서면 마음이 차분해진다. 마치 사진 속에 들어 있는 것 같은 착각이 든다. 구름과 나무도 회야강에 발을 담근다. 자신들의 공간으로 쑥 들어온 나에게 손을 내민다. 할 말이 없어 그냥 웃어 버린다. 모든 것을 품어주는 넉넉한 자연 덕분이다. 말없이 그냥 걷는 것만으로도 무언가 차올랐다. 혼자 걷지만 혼자만은 아닌 것 같은 느낌이 들었다.

버드나무의 가지들이 늘어질 때로 늘어져서 가벼운 바람에도 크게 흔들린다. 그 옆에 자리 잡은 은행나무에 열매들이 알알이 달려 있다. 찬찬히 보니 열매들은 노란 빛깔을 띠고 있는 것이 아닌가. 가을은 정녕 가까이 다가온 모양이다. 가을 속에 존재하는 나는 오늘 이 자리에 앉아 있다. 나의 그림자마저도 가을을 흡수해 버린 것 같다.

나는 가을이 주는 이 여백을 사랑한다. 한 단계 낮은 채도로 색칠되는 풍경들, 점점 헐렁해지는 나뭇가지들, 자꾸만 높아지는 하늘, 이제는 밖을 보지 말고 안을 보라고 재촉하는 찬바람들을 사랑한다. 그들이 주는 여백이 나를 조금은 단단하게 한다. 지금 이 순간의 허전함은 외로움이 아닌 자유라고 조용히 말해준다.

살아가는데 정답은 없다. 자신의 자리에서 최선을 다한 삶이라면 후회는 없지 않을까. 뜨거운 여름을 온 힘을 다해 지내온 나뭇잎일수록 단풍이 붉고, 붉은 단풍일수록 낙엽이 되어서도 감탄을 자아내게 한다. 최선을 다했기에 미련이 없고, 미련이 없기에 자유로울 수 있다.

내 안의 여백은 자연이 주는 휴식처이다. 아주 가까운 곳에서 손짓하고 있다. 앞 만 보고 달리다가 넘어지기 전에 찾아오라고 속삭인다. 보이기는 하지만 만질 수는 없는 가을이라는 시공간의 여백에서는 은은한 향기가 난다. 나도 누군가에게 여백을 주는 향기로운 사람이 되고 싶어진다. 내 삶에도 서서히 가을의 여백이 드리워지고 있다.

눈 떠 보세요

 성형외과 수술대 위에 눕는다. 눈 위로 둥근 모양의 일곱 개 무영등 불빛이 보인다. 생명을 살리는 무영등에 눈이 부시다. 수술 준비로 간호사들이 분주하게 움직인다. 왼쪽 어깨 옆에 수술용 도구들이 가지런하게 놓인다. 맥박과 심장의 상태를 한눈에 볼 수 있는 컴퓨터가 곁에 있다. 일정한 간격으로 "띠 띠 띠" 기계음을 내며 무심하게 자리를 지킨다.
 간호사는 누런색의 포타딘 용액을 얼굴과 왼쪽 허벅지에 바른다. 팔뚝을 물고 있는 혈압측정기가 압력을 더 고조시킨다. 마치 사자가 먹이를 물고 놓지 않는 것처럼 이빨이 깊숙이 박혀 있는 듯하다. 오른쪽 손등 위의 수액은 혈관을 따라 몸속 깊은 세상을 향해 여행을 시작한다. 눈, 코, 입만 보이도록 뚫린 사각의 초록 천이 내 얼굴에 덮인다. 느낌이 차갑다. 라디오에서는 음악과 함께 두 시 탈출 컬투쇼가 시작되고 있다. 진행자의 목소리가 점점 멀어져 간다. 의사와 간호사들의 대화도 아득하게 사라진다.

언제부터인가 눈의 시야가 좁아졌다. 눈꺼풀이 자꾸만 내려와 없던 쌍꺼풀이 생겼다. 처음부터 있던 쌍꺼풀이 아니다 보니 뭔지 무겁고 어색했다. 그러더니 점차 처져 눈꼬리에서 상, 하 꺼풀은 반갑다며 가벼운 포옹을 했다. 어김없이 그 자리에 눈곱이 끼었다. 그럴 때마다 안과에 가서 치료를 반복했다. 그래도 눈꺼풀은 검은 눈동자를 가리면서 자꾸만 내려왔다. 게다가 눈두덩이 쑥 들어간 것이 내 나이보다 십 년은 더 늙어 보였다.

눈꺼풀뿐만 아니라 눈 밑도 처지기 시작했다. 심술보처럼 눈 아래 지방 주머니가 생겼다. 거울을 보니 팔순이 넘은 친정어머니의 얼굴이 겹쳐졌다. 요양병원에 면회 갔을 때, 어머니는 눈을 반쯤 뜨고 계셨다. 자꾸만 눈이 덮여 진물이 나고 앞이 잘 보이지 않는다고 했다. 함께 면회 간 언니가 수술 이야기를 꺼냈다. 결국 어머니는 팔순이 넘은 나이에 안검하수 수술을 했다. 어머니를 닮아서 나도 피부가 빨리 처지는 편이다. 그리고 보면 언젠가는 해야 할 수술이었다.

　세 시간여의 수술을 하는 중이다. 눈 성형 수술은 양쪽의 균형을 맞추는 것이 중요하다. 그래서 전신마취가 아닌 수면마취와 부분마취로 수술을 한다. 한쪽이 끝나면 완성된 눈을 기준으로 반대 쪽 눈을 해야 하기 때문이다. 눈 위로 의사의 손이 가볍게 왔다 갔다 움직인다. 왼쪽 허벅지 안쪽에서 펌프 소리가 들린다. 눈두덩을 메꿀 지방을 뽑아내고 있는가 보다. 가수면 상태에서 불안감이 조금 커진다. 왼쪽 다리는 움직일 수 없을 만큼 무겁다. 마취제 때문이리라. 그때 아득하게 멀어졌던 의사의 목소리가 나를 깨운다.

　"눈 떠 보세요, 나를 보세요."

　무의식의 저 밑에서 의식이 서서히 떠오른다. 의사의 말에 따라 부분 마취제가 눈 아래 피부 속으로 물 만난 물고기처럼 헤엄치며 들어가는 것이 느껴진다. 그것도 잠시, 의사는 가위로 눈 아래 피부를 쓱싹쓱싹 자르나 보다. 가위질 소리가 들린다. 이번에는 코끝에서 살이 타는 냄새가 난다. 레이저로 피부를 태우는 과정을 반복으로 하고 있다.

　뾰족한 바늘이 눈 위로 오고 간다. 의사는 눈 위에 수를 놓듯

한 땀 한 땀 피부를 꿰맨다. 그 와중에도 바늘 끝에 달린 실의 번호가 5호, 6호, 8호 등 다양하다는 것을 알아챈다. 각각의 실이 얼굴에 닿자 섬뜩한 기분이 든다. 또다시 몽롱한 의식을 깨우는 의사의 목소리에 눈을 끔벅거린다.

"눈 떠 보세요, 나를 보세요."

혈압측정기는 또 한 번 깊은숨을 쉰다. 벽에 걸린 시곗바늘 소리가 의식 속으로 파고든다. 째깍거리는 소리를 따라 의식은 분절되었다가 이어진다. 무의식과 의식을 넘나들며 수술은 진행된다. 넘치는 무영등 불빛은 감은 눈 안으로도 비쳐든다. 수술이 끝나는가 보다.

수술은 생각보다 복잡하지 않았다. 회복과정도 순탄했다. 요즘은 복용하는 약이 없다. 연고만 바르면 된다. 수술 다음 날, 병원을 내원하고는 일주일 후, 실밥을 빼면 끝이다. 상처가 아물어 갈수록 눈은 점점 반짝 떠진다. 그동안 처진 눈 때문에 한쪽이 접힌 세상을 보아왔다. 수술 후, 세상이 넓어 보이고 또렷하게 보인다.

성형하기를 잘했다는 생각이다. 그전에는 왠지 성형에 대한 막연한 부담감이 있었다. 자신의 자연스러운 외모를 부정하고 남보다 돋보이기 위해 하는 행위라는 의식이 있었던 것 같다. 그러나 성형외과에 가서 느꼈다. 성형을 필요로 하는 사람들이 생각보다 많다는 것을. 성형에 대한 인식이 바뀌고 있다.

눈 수술 자국이 다 가라앉은 것 같다. 이제야 내 나이로 보인다. 자꾸만 거울을 보게 된다. 눈동자에 비치어 나타난 얼굴이 어험스레 말을 걸어오는 듯하다. 덤까지 얹어 주는 수술이다. 가끔은 보이는 얼굴이 보이지 않는 내면에 자신감을 불어 넣어 준다. 한마디로 자신감이 생긴다. 심술보 자리의 안면근육이 말랑말랑하다. 눈이 밝아지니 마음도 밝아진다.

오후에 현관문을 나서니 바깥의 밝은 햇살이 성형한 눈을 유혹한다. 오랜만에 외출을 나선다. 찬바람이 옷 속으로 파고드는 깊은 겨울이다. 빈 가지의 나무와 바람이 탱고라도 추듯 요란스럽다. 들어 올린 눈꺼풀 안으로 접혔던 세상이 활짝 펼쳐진다. 나는 나에게 속삭여본다.

"눈 떠 보세요, 이 세상을 보세요."

펼쳐진 세상이 새삼 아름답다.

'비호감' 날아가다

회야강을 걷는다. 여느 날처럼 하늘과 바람 그리고 흘러가는 물결을 살핀다. 저 멀리 잎이 다 떨어진 벚나무 위에 작은 철새가 한 마리 보인다. 몸통은 눈처럼 하얗고 꼬리는 먹물같이 검다. 앞으로 튀어나온 입은 앵두 색깔같이 붉다. 까맣고 맑은 눈이 나를 쳐다본다. 혹 간밤의 추위에 얼어버린 것일까. 점점 다가가도 움직이지 않는다. 나는 철새가 놀라서 날아갈까 봐 발걸음을 멈추고 눈길을 강으로 돌린다.

청량한 바람만이 강 위를 유유히 날아다닌다. 떠나는 겨울을 아쉬워하는 강 풍경은 나름대로 운치가 있다. 이미 입춘이 지났다. 겨울이 아무리 혹독해도 봄은 오고 있다. 절기로는 봄이 왔는데 강은 추위를 견디지 못하고 꽁꽁 얼어붙었다. 실핏줄처럼 가느다란 틈들이 얼어 지그재그 엉켜 있는 빙판이 복잡한 내 머릿속 같다.

내 머릿속이 얼어붙은 것은 그녀의 말 한마디 때문이었다.
"비호감!"
그 차가운 단어에 들어있는 모음과 자음이 깨지며 낱자들이 얼음조각이 되어 머리 위로 쏟아졌다. 마치 얼음물을 뒤집어쓴 것 같았다. 목욕탕의 열기도 그 냉기를 녹이지 못했다. 나는 잠시 꼼짝을 못하고 그 자리에 우두커니 있을 수밖에 없었다.

탕 안에서 마스크를 쓴 것이 그렇게 잘못된 일이었을까. 목욕탕용 마스크인데도 말이다. 평소 목욕을 즐기는 나에게 목욕탕에 갈 수 없다는 것은 코로나19가 주는 고통 중의 하나였다. 더욱이 요즘처럼 컨디션이 난조를 보일 때는 뜨끈한 탕이 그리웠다. 그렇다고 행여 민폐가 되어서는 안 되는 상황이지 않은가. 목욕탕용 마스크를 사고 목욕탕을 찾았다. 나와 남을 함께 보호할 방법이라고 생각했다.

애초 힐긋힐긋 쳐다보는 시선이 심상치 않다 싶기는 했다. 거슬리기는 했지만 나보다 나이가 많아 보여서 가능한 눈길을 피했다. 그녀의 눈매에는 강한 카리스마가 넘쳤다. 나를 주시

하는 눈빛이 기회를 노리는 하이에나처럼 보였다. 검은 마스크를 착용하고 있는 나를 동물원 원숭이 보듯이 자꾸만 훑어보았다. 꼭 뭐라고 한마디 하고 싶어 하는 눈치였다. 아니나 다를까 그녀의 뾰족한 목소리가 화살처럼 날아왔다.

"백신 접종했어요?"

"네, 3차까지 했습니다."

"접종했는데 왜 마스크를 착용해요?"

"3차 접종해도 감염이 됩니다."

"그렇게 걱정되면 목욕탕에 안 와야지."

나는 연배의 그녀와 정녕 싸우고 싶지 않았다. 그런데 말이 점차 거칠어졌다. 모멸감이 들었다. 자신은 탕 안에서 마스크 착용을 안 해도 침방울이 공중에서 분해되어 떨어지기 때문에 깨끗하단다. 반면 마스크를 착용하면 작은 물방울이 붙어 있어 물속으로 떨어지니 더럽다며 투덜거렸다. 이해되지 않는 자신만의 논리를 주장했다. 마침내 그녀의 입에서 비호감이라는 얼음덩어리 같은 말이 날아왔을 때 나는 그냥 얼어붙고 말았다.

언젠가부터 주위에서 비호감이라는 단어가 들렸다. 이기적이거나, 비겁한 행동을 하거나, 어쨌든 대중의 눈에 미운털이 박힌 연예인을 비호감 연예인이라 부르기 시작했다. 사람들의 관심과 인기를 먹고 사는 연예인에게 비호감이라는 낙인은 주홍글씨 같은 것이리라. 그 주홍글씨에 간혹 극단적 선택을 하는 연예인도 있었다. 나는 그런 단어는 특정한 사람들에게만 쓰는 말인 줄 알았다. 그런데 느닷없이 그 단어가 나를 향할 줄이야.

계속 한 단어에 붙들려 있다. 나의 몸 안에는 비호감이라는 단어가 빙빙 돌고 또 돌아다닌다. 떫디떫은 맛만 느껴진다. 생각의 주머니가 자꾸만 무거워진다. 왜 하필 비호감인가. 일반적으로 비호감이란 성격이나 외모가 좋게 여겨지지 않는다는 뜻이다. 오늘 처음 만났는데 어떻게 나의 성격과 외모를 한눈에 볼 수 있었다는 것인지. 또 보이는 것이 전부는 아니지 않은가.

반면 호감이라는 말은 어떤 의미인가. 누군가가 자신에게 거는 기대치에 부합한다는 뜻일 것이다. 그렇다면 호감과 비호감은 나의 의지와 상관없이 상대방이 바라보는 기준에 의해 정해지는 셈이다. 모든 사람과 잘 지낼 수는 없다. 나에게 자신도 모르는 어떤 비호감적인 행동이 있었을지도 모르는 일이기는 하다. 그렇다고 바람에 이리저리 휩쓸리는 갈대처럼 나를 평가하는 타인의 잣대에 흔들릴 필요는 없다. 나는 자꾸만 헝클어지는 머릿속을 털어내기 위해 머리를 흔든다.

생각이 생각을 낳고 있다. 뭐든지 과하면 본질에서 벗어나는 법이다. 쓸데없는 생각은 그만하라고 한 차례 매서운 바람이 불며 머리카락이 얼굴을 때린다. 훅하고 한 대 맞은 기분이다. 정신이 맑아진다. 비호감이라는 단어를 떨쳐 내는 나만의 방법을 찾은 것 같다.

다시 눈을 철새에게 돌린다. 한 걸음 더 다가선다. 사진을 찍기 위해 가까이 가도 움직이지 않는다. 저 새도 나처럼 일행에게 비호감이라는 말을 듣고 얼어버린 것은 아닐까 하는 황당한 생각이 스친다. 사진을 찍고 보니 아뿔싸! 진짜 새가 아니라 조형물이다. 웃음이 쿡 터지며 '비호감'이 저만치 날아간다.

제5부 모랫등

가야진사

입을 꽉 다물고 있다. 조심스럽게 침묵의 문을 열어본다. 사당의 문틈 사이로 목판이 빛을 받는다. 밝은 빛이 서서히 정사각형 안의 용들을 깨운다. 이방인의 방문을 경계하듯 눈빛에서 불꽃이 튄다. 검푸른 물이 급하게 휩쓸리는 지점이다. 깊게 패어 있는 웅덩이 위로 세 마리의 용이 춤을 춘다. 황룡 한 마리와 청룡 두 마리이다. 오른쪽 황룡이 어쩔 줄 몰라 하며 청룡들을 바라보고 있다. 두 마리 청룡은 서로 엉켜 거칠게 싸운다.

낙동강 세 용신을 모시고 있는 제당의 목판 앞이다. 용소의 물이 꿈틀거리는 듯하다. 마치 꽈리처럼 부풀어 오른다. 한 발짝 뒤로 물러난다. 용신에게 안녕을 기원하던 곳. 앞면 한 칸, 옆면 한 칸으로 구성되어 있다. 건물의 앞뒤로만 지붕면이 있어

간결함이 돋보인다. 용마루와 내림마루로만 이루어진 맞배지붕형식의 건물이다. 가야진사 재건 과정에서 제사에 사용되던 분청사기 제기들이 출토되었다.

일제의 탄압으로 가야진사가 헐리고 용신제가 금지되는 수난을 겪었다. 그러나 마을 사람들은 산속에 사당을 모셨다. 집집마다 보리쌀을 거두어 밤중에 몰래 제사를 지내며 근근이 명맥을 이어왔다. 가야진사 용신제는 비가 때맞추어 알맞게 내리고, 바람이 고르게 불어올 수 있기를 기원하는 제의다. 더불어 나라가 태평하고 백성들의 생활이 평안하기를 비는 국가 제례이다.

천천히 걸음을 옮긴다. 용소가 마주 보이는 나룻가에 발길을 멈춘다. 건너편은 용 한마리가 물을 마시고 있는 산세다. 물을 먹는 용의 머리를 남해고속도로가 시원하게 뚫고 있다. 매년 4월 첫째 주 일요일에 용신제 봉행을 겸한 공연을 한다. 용신을 달래기 위해 살아 있는 돼지를 용소에 제물로 바치며 현재까지 전통을 이어오고 있다.

우리의 전통문화에는 곳곳에 용의 흔적이 있다. 그만큼 친근하게 다가오는 상상의 동물이다. 안전과 풍요를 바라는 인간의 염원이 신통력 있는 용의 존재를 만들어 냈는지도 모른다. 현실에는 존재하지 않지만 한 차원 더 높은 불멸의 신, 용은 물의 상징이자 비를 다스리는 신이다. 물이 생명의 근원이라는 진부한 말이 여기서는 구체적인 실체를 가진 실천으로 작용한다.

나의 무의식이 잠자던 용을 불렀다. 뜬구름 잡듯이 하늘을 올려다봤다. 곧 비가 내리려는지 어디선가 끄물끄물 먹구름이 몰려 온다. 유독 가물었던 유월의 마른 나뭇가지가 하늘을 유혹한다. 대지의 녹음이 점점 짙어진다. 차락차락 비가 내린다. 잠시 비를 맞아본다. 용소가 회오리를 치고 용이 꿈틀거린다. 마침내 가야진사의 용을 온몸으로 알현하는 순간이다.

공포의 그림자

모퉁이를 돌아서자 저만치 카페의 불빛이 보였다. 날이 흐려서인지 오렌지색을 띤 불빛이 가로수 아래로 번지고 있었다. 기온도 뚝 떨어졌다. 어둠을 따라 낯선 동네의 외곽을 걸어온 여자 여섯 명이 발걸음을 멈추고 불빛을 바라보았다. 좀 전의 재잘거림이 안개처럼 가라앉았다. 불현듯 불빛과 우리 사이에서 어둠이 깊어졌다.

한 달에 한 번 만나는 친구들 모임이었다. 맛집을 찾아 코다리찜을 먹었다. 마침 식당 주인이 카페를 소개했다. 거리가 좀 멀었지만 할인을 해 준다는 말에 우리들은 카페를 찾아 나섰다. 새로운 동네 구경도 하고 새로 생긴 카페에서 커피 맛을 보는 것도 나쁘지 않을 것 같았다. 이런저런 수다를 떨며 한참을 걸었다. 그러는 사이 어둠이 거리를 덮었다.

드디어 목적지 건물을 찾았다. 1층은 커피숍이고 2층은 노래방, 3층은 호프집으로 이루어진 건물이었다. 오래된 건물을 리모델링한 듯했다. 아직 개발 중인 곳이라 그런지 곳곳에 공사현장과 자재들이 놓여있는 공터가 눈에 띄었다. 그리고 카페와 옆 건물 사이에 몇몇 사내들이 담배연기로 구름을 만들고 있는 모습이 보였다. 검은 패딩을 입고 불빛을 비껴선 그들은 마치 짙은 그림자들 같았다.

사내들을 보자 우리는 누가 먼저랄 것도 없이 후다닥 카페로 들어갔다. 천장이 높고 최신 인테리어로 단장한 카페였다. 우리는 창이 훤하게 보이는 자리를 차지하고 앉았다. 통으로 된 유리창이 도로를 달리는 자동차들의 풍경을 담고 있었다. 친구 한 명이 메모지를 들고 왔다. 역시 센스쟁이다. 나는 먼저 아메리카노라고 적고 옆에 있는 친구에게 종이를 넘겨주었다. 그때 갑자기 화장실에 가고 싶어졌다. 아무래도 코다리찜이 조금 짰던 모양이다. 식사 후에 물을 많이 마신 탓이다. 나는 자리에서 일어났다.

이리저리 찾아보아도 화장실 안내판이 보이지 않았다. 카운

터를 지키고 있던 주인이 태연한 표정으로 밖에 있는 화장실의 비밀번호를 알려주었다. 이렇게 멋진 인테리어를 해놓고 화장실이 밖에 있다니, 식당에서 화장실에 들렀다 올 걸 하는 후회가 들었지만 어쩔 수 없는 일이었다.

　문을 열고 밖으로 나오니 야외 테이블에서 두 명의 사내가 담배를 피우며 힐끗 나를 쳐다보았다. 긴 복도 끝을 찾아가니 화장실이 보였다. 뒤도 보지 않고 급한 마음에 비밀번호를 누르고 안으로 들어갔다. 순간 나는 내 눈을 의심했다. 그 화장실은 남녀 공용화장실이었다. 남자 소변기가 한쪽 벽에 떡하니 붙어 있었다.

　당황스러움도 잠시 볼일을 보고 있는데 문밖에서 비밀번호를 누르는 소리가 들려온다. "삑삑삑삑" 순간 가슴이 덜컥 내려앉는다. 이어 손잡이를 잡아당기는 소리가 들린다. 하지만 문은 덜컥거리기만 할 뿐 열리지는 않는다. "삑삑삑삑" 다시 비밀번호를 누르는 소리가 들린다. 누군가가 비밀번호를 착각한 것일까. 아니라면 혹시. 내 머릿속에 나를 힐끗 쳐다보던 그 사내가 스쳐 지나간다.

　걷잡을 수 없이 심장이 뛴다. 입안이 바짝 마른다. 문밖에서는 자꾸만 맞지 않은 번호를 쉴 틈 없이 누르고 있다. 네 박자의 날카로운 음이 심장을 바늘로 찌르는 것 같다. 문이 열리지 않자 손바닥으로 탕탕거리며 두드린다. 보이지 않은 공포가 문 밑으로 그림자처럼 스며들어 화장실 안으로 밀고 들어온다. 나도 모르게 손발이 후들거린다.

나는 떨리는 손으로 휴대폰을 찾다가 머릿속이 하얘진다. 바깥까지 나올 줄 모르고 휴대폰을 두고 온 것이 생각난다. 아무도 모르는 곳에 단절된 채 고립되어 있다는 데에 자각이 미친다. 갑자기 공포가 증폭된다. 커다란 손으로 나의 목을 누르고 있는 것 같다. 목소리조차 낼 수가 없다.

언젠가 TV에서 본 화장실 살인사건이 떠오른다. 그때는 먼 나라 이야기인 줄 알았다. 막상 나에게 이런 일이 닥치니 어떻게 해야 할지 도무지 생각이 나지 않는다. 공포는 점점 나를 무기력하게 만들고 있다.

얼마나 시간이 흘렀을까. 흠칫 정신을 차린다. 그래도 위기를 벗어나야만 한다. 긴 호흡을 하고 마음을 다진다. 여기서 빠져 나갈 수 있는 방법이 무엇일까 고민을 하다 안에서 문을 두드리면 어떨까 하는 생각을 한다. 그러면 밖의 그림자는 도망을 가고 또 다른 누군가가 나를 구해주지 않을까.

"누구세요? 누구세요?"

반복적으로 소리를 내어 보지만 목소리는 점점 내안으로 숨어든다. 하지만 나의 두 주먹은 정말 철문을 두드리고, 발은 쿵쾅거리며 철문을 차고 있다. 어디서 그런 용기가 났는지 "야 야" 고함까지 친다. 쥐도 궁지에 몰리면 고양이를 무는 법이다.

몇 분 정도 문을 두드리니 밖이 조용해진다. 귀를 문 가까이 대고 들어본다. 발소리조차 들리지 않는다. 정적이 찾아 왔다는 것을 직감으로 느낀다. 문을 여는 손이 떨렸지만 급하게 문을 박차고 공포의 화장실을 뒤도 안보고 달려 나온다. 화장실에 가득 찼던 공포의 그림자가 내 발목을 움켜잡으며 따라온다. 카페까지의 거리가 한 십 리는 되는 것 같다.

카운터에 있는 주인은 얼굴이 벌겋게 달아오른 채 씩씩대며 방금 전 상황을 말하는 나를 대수롭지 않은 표정으로 바라보았다. 개선하겠다고 했지만 의지는 없어 보였다. 역시 경험하지 않고는 공감할 수 없나보다. 자리로 돌아오니 한 친구가 화장실을 간다고 했다. 나는 화장실에서의 이야기를 해주며 다른 친구와 짝을 지어 보냈다. 휴대폰도 손에 꼭 쥐어주었다. 그리고는 놀란 가슴을 진정시키며 식은 커피를 천천히 한 모금 마셨다.

그 사이 밤은 어두운 빛에 계속 녹고 있었는지 밖이 더욱 깜깜해졌다. 별들도 모조리 집으로 돌아가는 시간이다. 들고 있는 가방으로 문을 열며 커피향이 퍼지는 공포의 카페를 빠져나왔다. 듣기만 했던 일이 현실로 나타났다. 잠시 후에 다가올 자신의 운명을 어떻게 알 수가 있을까. 미리 조심하고 대비하는 수밖에 없다. 골목을 돌아 걷는데 저 만치 골목 모퉁이 사이로 사라지는 사내의 그림자가 보이는 듯했다.

경계신호

집 근처 초등학교 운동장이다. 희붐해지기 시작하는 여명 속으로 새벽운동을 나온 사람들이 활기차게 걷고 있다. 상쾌한 공기 속을 가르는 그들의 얼굴이 잔뜩 물오른 초목들처럼 싱싱해 보인다.

반 바퀴쯤 돌았을까. 발이 점점 무거워지면서 숨이 차오른다. 절로 엉덩이 놓을 자리를 찾아 두리번거리게 된다. 운동장 한쪽에 축 늘어져 있는 그네에 몸을 부린다. 흔들흔들, 움직이는 그네에 나를 맡기고 나니 숨통이 트인다.

바람이 귓전을 스친다. 스쳐간 바람이 벚나무에게 춤을 청하는지 나뭇가지가 살랑거린다. 마치 도미노처럼 나무의 흔들림이 옆 나무에게로 이어진다. 저것이 바로 바람이 가는 길이구나 싶어진다. 나뭇잎이 춤을 추며 새벽 공기를 흔들어 깨운다. 웅크리고 있던 내 안의 나도 청량함으로 서서히 일어선다. 요 며칠 묵직하게 나를 누르던 스트레스가 조금은 가시는 것 같다.

간밤에는 통 잠을 이루지 못했다. 저녁 무렵 걸려온 한 통의 전화 때문이었다. 사실 전화벨이 울리는 순간, 누구에게서 걸려온 것인지를 직감했다. 외면하고 싶었지만 받지 않을 수가 없었다. 역시 그녀였다.

다급한 목소리가 수화기를 통해 왈칵 쏟아졌다. 지난봄부터 계속되는 일이었다. 대학동기인 그녀는 비교적 늦은 나이에 대학원을 다니고 있었다. 직장과 학업을 병행하다보니 스트레스가 많은 것은 당연할 터였다. 전화기를 통해 그녀의 목소리가 둑 터진 봇물처럼 내게로 밀려왔다.

몇 년 전 그녀는 갑상선 암 수술을 받았다. 그녀는 병실을 찾은 내게 말했다. 이제는 무리하게 일을 하지 않고 자신의 건강만 생각하겠다고. 그런데 건강을 어느 정도 회복하고 보니 다시 일 욕심이 나는 듯 했다. 특히 갑상선 질환은 스트레스에 크게 영향을 받는 질환이다. 어쩌면 아직도 그때의 불안을 다 떨쳐내지 못한 것인지도 모르겠다는 생각이 들었다.

그녀가 전화를 하는 이유는 내가 지금까지 묵묵히 들어주었기 때문이리라. 오죽 답답하면 그럴까 싶어서 가능한 귀를 열어주려고 노력했다. 그녀로서는 시시비비를 가리려 들지 않는 나의 태도가 자신의 감정을 헤아려주는 것이라고 생각되었을 것이다.

두 시간째 통화가 계속되자 내게 이상 증세가 나타나기 시작했다. 내 몸이 무언가 문제가 생겼다고 자꾸만 신호를 보내고 있었다. 먼저 손바닥이 비를 맞은 것처럼 축축해졌다. 전화기를 들고 있는 쪽의 청력은 점점 감각을 잃어 가고 있었다. 목과 가슴이 조이는 느낌도 들었다. 속은 답답해지고 곧 쓰러질 것 같은 피로가 몰려 왔다. 아랫배까지 기분 나쁘게 사르르 아프기 시작하였다. 어쩌면 이런 상황을 초래한 것은 나 자신인지도 모르겠다. 상대방을 배려하고 양보한다는 것이 반복된 습관이 되어 버렸다.

그녀의 스트레스가 내게 전이된 것일까. 불길한 신호는 몸에만 울리는 것이 아니었다. 마음도 열 받은 풍선처럼 한 치의 여유도 없이 팽팽하게 부풀어 올랐다. 엘리베이터를 기다리면서도 조바심을 내며 정신없이 단추를 눌러댔다. 매사가 귀찮기만 하였다. 정서적으로 안정을 찾을 수가 없었다. 슬프거나 웃거나 하는 감정의 기복도 사라져갔다. 강박증이라도 걸렸는지 사소한 일에도 근심 걱정이 그치지 않았다. 내 몸과 마음에 심각한 경계신호가 울린 것이다.

아무리 긍정적으로 받아들이려 해도 마음대로 되지 않았다. 적당한 긴장은 건강에도 좋다는 말이 있다. 그렇지만 그녀의 전화는 도를 넘어서는 일이었다. 넘치는 것은 모자란 것만 못하다고 한다. 나도 상대방을 배려하는 부분의 균형을 잡기 위해서 나름 노력을 해 보았다. 사람을 알아가는, 서로 관계를 맺어가는 과정이라고 생각했다. 그러나 현실의 삶은 그렇지 않았다. 각자의 영역을 존중하면서 관계를 맺어야 하는데, 어디 상대의 마음이 내 마음대로 되는 것이던가.

피할 수 없는 스트레스의 홍수가 밀려 올 때면 걷는 습관이 생겼다. 아침저녁으로 출 퇴근길을 걸어서 다녔다. 45분 정도의 거리를 매일 걸었다. 심장박동에 맞춰 발걸음을 옮기다 보면 마음이 편안해졌다. 기왕이면 규칙적이고 지속적으로 걷기 위해 오늘부터 학교 운동장을 찾기로 했다.

걷기는 따로 특별한 도구가 필요하지 않아서 좋다. 혼자서도 가능하기 때문에 다른 운동처럼 경쟁심에 빠질 염려도 없다. 오늘도 어젯밤에 울린 경계신호를 해제하기 위해 일찌감치 새벽 운동을 나온 참이다.

그네에서 일어난다. 꼭 맞는 운동화를 신은 발에 부드럽게 힘을 주어 발걸음을 떼어 본다. 맞은편에서 걷고 있던 사람들이 철봉에 기대어 자신의 몸을 툭툭 친다. 모두들 간밤에 스트레스에 찌들었던 세포들을 깨우고 있는지도 모를 일이다.

소리에 맞춰 나도 조용히 스트레칭으로 몸을 푼다. 태양이 구름 사이로 고개를 내밀며 한 줄기 빛을 비춘다. 경계신호가 해제되는 것일까. 그 온기에 몸과 마음이 풀리며 스트레스가 싹 가신다. 스트레스 없는 활기찬 하루를 위하여 나는 다시 걷는다.

기억의 저장소

키 큰 소나무가 공원을 감싸고 있다. 유월의 하늘을 위로라도 하는 것일까. 먹구름이 낮게 깔려 비를 몰고 오는 듯하다. 온통 회색빛으로 물들어 울기 직전인 내 마음 같다. 혹시나 하는 생각에 작은 우산 하나 예비용으로 챙겨 왔다. 오전 10시, 탐방이 시작된다. 마침 호국보훈의 달을 맞이해서 다다른 곳이 춘추공원이다.

오봉산이 둘러싸고 있어서 조용하고 편안한 장소다. 길을 걷다 문득 눈에 들어오는 글귀가 보인다. 바닥에는 춘추공원에 대한 유래가 적혀 있다. 삼조의 열 비석을 군수와 춘추 계원들이 한곳에 모아 장충단이라 이름 붙이고, 공원 이름을 춘추원이라 했단다. 잊어서는 안 될 기억의 저장소이다. 역사의 시간을 지킨다는 생각에 또 하나의 충절이 아닐까 생각해 본다.

두 걸음 더 걷는다. 오른쪽 대나무 숲을 끼고 춘추원사 가는 길이 보인다. 새롭게 들려오는 역사에 발걸음이 무거워진다. 14세 어린 나이에 일본으로 끌려가신 위안부 김복동 할머니. 남부시장 앞에는 소녀상이라 불리지 못한 조각상이 있다. 왜, 역사는 진실을 전하지 못하는지. 고 김복동 할머니는 자유를 위해 싸운 진정한 영웅이었다. 귀향 후 춘추원사에서 계셨다고 한다. 나라가 지키지 못한 백성의 설움이 대숲에 가득하다.

답답한 마음으로 나의 시선은 하늘을 향한다. 서쪽 능선의 끝자락, 바람이 소나무를 깨운다. 간들간들 솔가지가 흔들린다. 소나무 아래 둥근 모양의 의자에 엉덩이를 걸친다. 어느새 차가운 공기는 냉기를 몰고 이리저리 떠돈다. 갑자기 떨어진 기온이 어깨를 움츠리게 한다. 솔가지 위에서 울어대는 새소리가 가슴 속으로 파고든다. 양산 선각자들의 혼령을 추모라도 하는 것인지. 목이 터지도록 울부짖는 새소리가 구슬픈 곡소리로 들린다. 무슨 말을 하고 싶어서 저토록 울고 있는 것일까?

이곳에서 나는 무엇을 기억해야 하는가. 나라를 위해 죽은 사람들, 나라가 죽인 사람들. 존엄하고 거룩한 마음으로 기억하리라. 이제는 말할 수 있다는 국가 보도연맹 희생자들의 진실도 외면하지 않아야 한다. 죽고 싶어도 마음대로 죽지 못한 사람들. 그 억울함을 춘추공원이 안아주고 있다. 기어코 살아남아서 소중한 기억을 증언했던 사람들마저도 이제는 삶의 끝에서 사라져 간다. 그래도 춘추공원의 소나무는 살아서 다 지켜보고 있지 않은가. 누군가에 의해 기억되는 한 역사는 살아있다.

충절의 도시, 그동안 양산에서 살면서 나는 무엇을 기억하고 있는가. 잊지 않겠다는 다짐을 해본다. 나라를 위해 돌아가신 선열들이 계셨기에 오늘의 내가 여기에 있음을. 춘추공원의 가치를 다시금 느껴본다. 돌아 나오는 길, 바람에 나풀나풀 흔들리는 황금빛 금계국이 이곳을 잊지 말라며 하늘거린다.

모랫등

유월의 낙동강은 말이 없다. 낙동강 둔치에 조성된 황산 공원은 서걱서걱 푸른빛 갈대의 울부짖는 몸부림만 처량하다. 우우 몰려다니는 바람이 더 세진다. 쏴쏴 갈잎이 바람을 따라 길을 낸다. 잔잔하던 물결은 금실금실 흔들린다. 오래도록 비가 오지 않은 메마른 날씨다. 거무스름한 구름장이 지번이 없는 곳으로 모여든다.

모랫등에서 유유히 흐르는 강물을 본다. 메기가 비 냄새만 맡아도 홍수가 진다는 말이 있다. 질펀한 갈밭을 메깃들이라 한다. 메깃들이 번듯한 물금평야로 변했다. 그 옛날 가야 부인이 결혼해서 이 길로 왔다던가. 한 여인이 생명을 키우며 척박한 살림을 꾸리고 살아가는 이야기, 우리의 할머니이고 어머니였던 가야 부인의 한이 습한 바람을 몰고 오는가.

　모래가 많아 농사짓기 힘든 땅에도 뿌리를 내리며 살았다. 고질적으로 물난리가 나는 곳이다. 모랫등은 땅 모양이 물길 따라 수시로 변하여 측정하기 힘들어 지번을 대신해서 붙인 이름이란다. 물금이라는 물을 금한다는 뜻의 이름도 있다. 한때는 여러 문화와 풍속이 섞이며 교역이 활발한 곳이었다.

　강물의 범람을 막기 위해 일제는 제방을 쌓았다. 물자 수탈에 편리하도록 역까지 이전했다. 물금은 모랫등에서 생산된 쌀과 목화를 빼앗아 가는 기지이기도 했다. 게다가 농사의 세금을 7할에서 8할을 거두어 들였다. 얼마나 원통하였을까. 한 줄기 홀레바람이 가슴을 훑고 지나간다.

　일제 강점기 수탈과 억압의 역사가 고스란히 전해오는 듯하다. 그 시대의 역사를 현장감 있게 그대로 묘사했던, 요산 김정한 선생님의 소설「수라도」의 배경이 되었던 곳에 서 있다. 소설에 나오는 지명이나 위치가 실제 문학작품을 떠올리게 하는 기억의 장소다.

　시간과 사람이 어우러지는 곳이다. 문화가 새록새록 피어난다. 역사가 쌓여 있는 공간에 머무른다. 고개를 들어 하늘을 본다. 산 능선이 누워 있는 여인의 모습처럼 요염한 자태다. 오봉산 자락 아래 벼 대신 아파트가 즐비하다. 높은 건물들이 솟아나 새로운 도시를 만들었다. 과거와 현재, 살아가는 방식이 구분되기도 하고 비빔밥처럼 섞이기도 하면서 변해간다.

마침 물금 자락을 통과하는 무궁화호가 달린다. 기차는 이곳에 이르러 선사시대와 구석기시대, 신라와 가야를 거쳐 일제강점기, 그리고 현대에 이르는 시간을 관통하는 것 같다. 차곡차곡 쌓인 이야기와 볼거리가 다양하다. 오늘 하루 모랫등의 중첩된 시간 속에 내 발자국을 찍어본다.

법기 조망길

　법기 마을 저수지 전망대이다. 수원지가 한눈에 내려다보인다. 물이 틀 안에 갇혀있는 모습이 아련하다. 솔 향기 가득한 숲에서는 이름 모를 산새가 반긴다. 하얀 찔레는 향기로 말을 건넨다. 조망길의 산림욕은 기분까지 상쾌하게 만든다. 때죽나무와 마주 보고 있는 솔가지는 짧은 그림자를 드리운다. 그 사이로 튼튼하게 자리 잡은 전망대가 대견하다. 초록의 숲속에 들어오니 출렁이던 마음이 잔잔한 호수가 되어 빗장이 열린다.

　전망대 아래에 등대처럼 생긴 취수탑이 보인다. 아랫부분에는 파란 하늘색이다. 둥근 모양의 윗부분은 물방울처럼 맑은 흰색으로 되어있다. 깨끗한 물은 많은 생명체를 윤택하게 한다고 했던가. 저 물의 근원지는 천성산 골짜기에서 내려오는 것일까. 저수지를 감싸고 있는 흙벽은 흐르던 물을 막아 버렸다. 흘러가던 물이 벽을 뚫고 나아갈 수 없는 운명 앞에 놓였다.

옛날의 선배들은 가까운 정관을 거쳐 바다로 갔단다. 더 넓은 태평양을 향해 흘러가는 것을 멈추지 않았다. 자신의 꿈을 찾아 끝없는 길을 떠났다. 그러나 저수지에 갇힌 물의 운명은 바다가 코앞에 있어도 가 닿을 수 없다. 자유를 포기했다. 그렇게 멈춰버린 삶은 어머니의 희생을 생각나게 한다.

지난주, 요양병원에 입원해 계신 어머니를 비대면으로 만났다. 오랜만의 면회였다. 머리는 백발을 향해 가고, 얼굴에는 검버섯이라는 세월의 흔적이 짙어져 있었다. 다리에 힘이 없어 휠체어에 의지하며 마주 보고 앉았다. 자식들 앞에서 애써 괜찮다는 말만 거듭하셨다. 가족들이 걱정할라 먼저 당신의 속내를 드러내지 않으셨다. 자유를 찾아 나오고 싶어도 마음대로 할 수 없는 어머니이다. 대궐 같은 집을 두고 가고 싶어도 갈 수 없다. 안타까운 마음이 들기도 하지만, 한편으로는 어머니가 입원해 계신 것에 솔직히 마음이 놓인다. 누구 하나 모실 수 있는 형편이 못되기 때문이다.

저수지의 물은 바다에는 이르지 못했지만, 취수탑을 통해 식

수가 되어 뭇생명을 살리는 존재가 되었다. 자식에게 닿아 있는 어머니처럼. 흐르던 물은 고이고 모여서 호수를 이루었다. 호수는 살아 숨을 쉬며 출렁인다. 바람이 지나가며 심술을 부려도 품어준다. 어머니의 굴곡진 삶이 호수에 담긴다.

내 마음에 호수를 담고 싶다. 바람에 흔들리는 때죽나무는 맘껏 물을 품고 있다. 적당한 햇살 아래 초록이 일품이다. 초록의 발아래로 생명의 물이 고여 있다. 그 순간을 놓칠 수 없지 않던가. 셔터를 누르니 사진 속에 초록의 생명이 무성하게 자라고 있다.

봉발탑

　오월의 마지막 날. 한낮의 햇볕은 머리 위에서 초여름을 알린다. 통도사 안으로 한 걸음 더 깊숙이 들어가기 위해 문화관광해설사의 뒤를 따라간다. 발소리를 가볍게 내면서 가만가만 걷는다.

　용화전의 희귀한 석조물 앞이다. 고려시대에 만들어진 봉발탑이다. 봉발탑의 기본 형태는 마름모꼴의 정사각형으로 되어 있다. 윗부분에 얹혀 있는 뚜껑을 살펴본다. 마치 큰 밥그릇을 엎어 놓은 듯 그 모습이 수더분한 여인의 미소를 닮았다.

　아래의 받침대 뒤로 기별도 없이 그림자가 찾아든다. 밀밀한 연꽃 형태들이 물 위에 떠 있는 듯하다. 미래의 미륵부처님을 기다리는 특별한 석호다. 석가세존의 옷과 밥그릇을 미륵보살이 이어받을 것을 상징하는 조형물이다. 세존에게조차도 먹고 사는 일은 중요한 모양이다.

먹고 살기 위해 직장 속으로 첨벙 뛰어들었다. 아침마다 어린 딸을 떼어내 어린이집이며 유치원으로 보냈다. 아이도 울고 나도 울었다. 그래도 매정하게 등을 돌리고 출근을 했다. 빈손이다시피 시작한 결혼생활이었다. 남편도 열심히 노력했지만 나는 조금이라도 더 나은 밥그릇을 아이에게 주고 싶었다.

봉발탑의 밥그릇을 바라본다. 뚜껑을 열면 갓 지은 흰밥에서 나는 김이 올라올 것만 같다. 하지만 그럴 리는 없다. 스님들은 발우를 들고 탁발을 한다. 한 숟갈 한 숟갈 나누어 주는 밥이 발우를 채운다. 대중은 나누는 법을 배우고, 스님은 육신을 보존하기 위한 최소한의 밥에 감사한다. 그러므로 저 세존의 발우는 넘치는 법이 없으리라.

어쩌면 내가 가지고자 했던 밥그릇은 저 발우가 아닐지도 모르겠다. 더 가득차고, 더 기름진 것으로 넘쳐나는 발우를 원했을 것이다. 밥 먹는 일이 점점 힘든 세상이 되어가고 있다. 전쟁도 나고 기후환경도 여의치 않다. 물가는 세상모르고 자꾸 오른다. 밀가루, 식용유, 기름값은 점점 서민 경제를 불안하게 만든다. 후진국으로 가면 사태는 더 심각해진다. 먹고 사는 일에도 양극화가 따른다. 한쪽에서는 밥이 넘쳐나도, 다른 한쪽에서는 기근과 기아의 그림자가 짙어진다.

한층 뜨거워진 해가 짧은 그림자를 좀 더 길게 드리운다. 바람도 더위에 지쳐 기척이 없다. 가만히 두 손을 모아본다. 발우를 받들어서 미래의 미륵부처님을 기다린다. 미래의 부처는 과연 우리에게 어떤 발우를 내릴 것인가. 한 숟갈 한 숟갈 우리가 우리에게 나누는 밥이 저 소박한 돌 발우 속으로 쌓이기를 기도한다.

숲속 하얀 집

언덕을 오른다. 병원으로 출근하는 길이다. 나는 삼십 년 가까이 이 길을 오르내리고 있다. 길은 소나무며 도토리나무들이 어우러진 작은 숲 가운데를 지나 병원을 향해 뻗어있다. 길을 따라 개나리, 진달래, 제비꽃들이 눈이 부시게 피어있다. 가로변 왕벚나무의 꽃망울들도 하루가 다르게 활짝 웃는다. 숲 뒤로 내가 하얀 집이라 부르는 정신병원의 맨 위층이 보이면 숨이 차기 시작한다. 잠시 나무 의자에 앉는다. 세상은 이리도 화사한데, 자꾸만 어제저녁 보았던 뉴스의 한 장면이 머리에서 떠나지를 않는다.

사내는 고개를 숙이지 않았다. 도리어 끌려가면서도 몰려든 사람들을 상대로 자신을 변명하기에 바빴다. 그의 부릅뜬 눈에서 광기가 느껴졌다. 나도 모르게 몸서리를 쳤다. 이웃과의 불화를 이유로 아래 집에 불을 지르고, 놀라 뛰쳐나오는 사람들을 향해 칼을 휘두른 엽기적인 사건이었다. 그는 '조현병'을 앓고 있다고 했다. 직업 탓일까. 내내 그 장면이 머릿속을 맴돌았다.

언덕마루에 올라서니 녹색 십자가를 머리에 인 하얀 집이 제 모습을 드러낸다. 뒤로 연두색의 옷을 입은 천성산이 말없이 두 팔을 벌려 하얀 집을 보듬고 있다. 아니 천성산이 보듬고 있는 것은 하얀 집이 아니라, 그 집에서 치료받으며 마음의 상처가 아물기를 기다리고 있는 많은 환우들일 것이다. 자연은 언제나 품이 너르고 차별이 없다. 어쩌면 이곳에서 도움의 손길을 받는 환우들은 그나마 다행이라 할 수 있지 않을까. 현실에서는 그것마저도 허락되지 않는 환자들도 많은 듯하다. 어제저녁 뉴스의 사내처럼 말이다.

사내는 오래전부터 이상 증상을 보여 여러 번 입원을 한 경력이 있었다. 그의 병증을 익히 알고 있는 형이 그를 다시 정신병원에 입원시키려 했다. 응급 행정 입원도 알아보았으나 본인이 동의하지 않아 어쩔 수 없었다고 했다. 사건을 예방할 수 있었던 기회를 놓친 셈이다.

정신병원에서 근무하는 것이 무섭지 않느냐고 물어오는 사람들이 있다. 조현병을 앓는 모든 사람들이 뉴스 속의 사내처럼 생각되는 모양이다. 물론 처음에는 경계하기도 했다. 하지만 살아가면서 마음을 다치지 않은 사람이 있을까. 그저 정도의 차이가 있을 뿐이다.

조현병이라고 무조건 피하고 두려워할 일만은 아니다. 치료를 받으면 정상적인 판단도 충분히 가능하다. 다만 다른 병처럼 시기를 놓치지 않고 적절한 치료와 처치를 해야 하는 병인 것이다. 조현병도 약물복용만 잘하면 위험하지 않다. 문제는 퇴원을 한 후에 가정으로 돌아갔을 때 관리가 잘 되지 않아 사회의 안전을 위협하고 있는 것이다.

두 해 전, 나는 병원에 부설되어 있는 사회복귀센터에서 문학치료 수업을 맡았었다. 매주 수요일이면 창이 넓은 일층 소강당으로 환우들이 모여들었다. 주로 회복기에 접어든 환자들을 대상으로 문학을 활용하여 자신을 나타내고 상대와 공감하는 능력을 키우기 위한 수업이었다.

한낮의 햇살이 대리석 창문 사이를 비집고 들어왔다. 햇살은 20대 후반, 유난히 검은 눈에 생기가 도는 여인의 머리 위를 비추었다. 그녀는 맨 뒷줄에 붉은 옷을 입고 앉아 있었다. 자그마한 키에 짧은 단발을 한 모습이 눈에 쏙 들어왔다. 꼭 다문 입술이 다가 올 미래에 대한 불안을 떨치고, 스스로 자신감을 불어 넣고 있는 것 같았다. 왼쪽 볼 위의 가느다랗고 긴 상처가 지나 온 세월의 흔적을 이야기하고 있었다.

그 수업은 사회로 복귀하기 위한 준비단계의 프로그램이었다. 자신의 삶에 대한 시를 쓰도록 했다. 그녀가 시를 쓰는 모습은 손에 쥐어진 볼펜으로 수술을 집도하는 의사를 연상시켰다. 하늘을 찌를 듯이 강한 집중력으로 벼려진 의식은 바늘처럼 예리하고 뾰족해진 듯했다. 원래 조용한 성격에 집중을 하니 주위로 차가운 바람이 부는 것 같았다.

정신적으로 예민하다는 것을 바꾸어 말하면 그만큼 정신적 에너지가 크다는 말일 수도 있다. 환우들 중에는 간혹 놀랄만한 집중력을 보이거나 남다른 감각을 가진 사람들이 있다. 모두들 흰색의 A4 용지 안에 삶이라는 긴 여정을 진지하게 써내려갔다. 숨소리조차 내기가 조심스러웠다.

어느덧 과정을 마치고 문학의 밤 행사를 할 때였다. 그녀가 자신의 시를 회원들과 가족들 앞에서 낭송을 했다. 하늘나라에 계신 아버지께 바치는 내용의 시였다. 모두 각자 자신의 아버지를 떠올리며 눈물을 흘리기 시작했다. 많은 박수를 받으며 무대에 올라 시를 낭송하던 그녀를 생각하면 지금도 가슴이 벅차온다. 그녀는 사회복귀센터를 떠나 작은 회사에 취업이 되었다. 당당하게 세상 밖으로 나아간 것이다.

올라온 길을 뒤돌아본다. 아름다운 이 길은 산책 시간이 되면 흰색의 환자복을 입은 환우들이 자유롭게 거니는 길이기도 하다. 잠시 창살의 구속에서 벗어난 그들은 상처를 치유하는 사슴처럼 천천히 나무들 사이를 거닌다. 손으로 나뭇가지를 잡거나 나무등치에 기대기도 한다. 햇살이 말없이 그들의 어깨에 내려앉고, 가끔씩 장난스러운 바람이 환자복 앞자락을 잡아당긴다. 천성산이 푸른 두 팔로 그들을 한껏 끌어안는다.

조현병은 치료를 받으면 회복이 가능한 병이다. 우리는 지금 인권이냐, 사회적 안전이냐는 두 갈래의 길에 서있다. 다시 한번 정신보건법을 들여다봐야 하지 않을까하는 생각이 든다. 서로 공생하는 길을 찾아야 하지 않겠는가. 옆을 지나는 동료가 뭐하고 섰냐며 어깨를 친다. 출근 시간을 재촉하며 발걸음을 옮긴다. 자, 오늘 하루도 시작이다.

파프리카 농원

 오후 두시, 봄볕의 아지랑이가 창가에 따스하게 내린다. 노란 바탕에 붉은 글씨가 적힌 간판을 따라 가로수 길을 달리고 있다. 멀리 보이는, 아치형의 큰 비닐하우스 네 동이 있는 곳이 오늘의 목적지이다.
 비닐하우스 앞에 도착한다. 안에는 아무도 없는지 조용하다. 마당의 강아지는 사람을 보아도 꼬리만 흔들 뿐 짖지 않는다. 빨강, 노랑, 주황색 파프리카가 그려진 간판 아래 전화번호를 보고 천천히 번호를 누른다.
 몇 번의 신호가 울려도 받지 않는다. 괜히 초조해진다. 참지 못하고 창고 안으로 걸음을 옮긴다. 갑자기 나타난 사람 기척에 놀란 고양이 한 마리, 자신의 밥 그릇 앞에서 배고프다고 울어댄다.

"누구 없어요?, 누구 없어요?"

큰 소리로 불러 본다. 주먹으로 안쪽의 문을 두드린다. 그때 막 잠에서 일어난 모양인지 이십대 후반의 젊은 청년이 머리를 긁적이며 나온다.

몸이 좀 안 좋아서 못 들었다며 파프리카 농원 안으로 안내를 한다. 수레를 끌고 터벅터벅 중앙으로 걸어가는 뒷모습이 짠하다. 태양을 이고 있는 넓은 하우스 안으로 어두운 그림자 한 줄기 내려앉는다.

코로나19로 사회적 거리를 둔 도시처럼 비닐하우스 안도 적막하다. 일상의 소리도, 온기도 사라져 버렸다. 꽉 막힌 공간에서 호흡하기 힘들다며 온몸을 비틀고, 들숨과 날숨으로 생명을 붙잡고 있는 파프리카들이 아우성을 치고 있는 듯이 보인다. 축 늘어진 잎들 사이로 노란 파프리카들이 빼꼼히 얼굴을 내밀고 있다. 아직은 사랑 받기에 충분한데, 점점 메말라 가고 있다.

파프리카는 고랑을 따라 좌측으로 주황색, 중앙에는 노란색, 우측으로는 붉은색으로 나누어 심어 놓았다. 청년은 아직 붉은 파프리카가 익지 않아서 노란 파프리카를 따서 오겠다고 한다.

커다란 수레를 밀며 가운데 두둑으로 다가간다.

　가다 서다를 반복하며 싱싱한 파프리카를 골라서 딴다. 멀리서 볼 때는 모두 다 싱싱하게 보이던 파프리카 나무들이다. 막상 가까이에서 보니 가지 끝이 처져 있다. 힘겨워 보인다. 턱까지 차오르는 더위 때문이다. 뜨거운 온도에 얼굴에는 송송 땀방울이 맺혀 흐른다. 파프리카 줄기는 물기 하나 없이 말랐지만 열매는 간신히 자신의 색으로 빛을 내고 있다. 푸르른 녹색 잎들이 풀이 죽어 시들어 간다. 노란 파프리카 밭에도 여기저기 병충이 침범한 기색이 보인다. 더 이상 크지도 않고, 검게 번진 상흔은 점점 자신의 영역을 넓혀가며 소리 없이 스며든다.

　못생기고 다 자라지 않은 파프리카를 골라 담는다. 이왕이면 좋은 열매를 부탁했더니 앞으로 몇 달 동안 농장을 닫을 예정이라는 말을 한다. 놀란 마음으로 이유를 물었다. 인건비가 비싸고 생각보다 전기료 등도 많이 든다는 것이다. 그나마 외국인 근로자들이 일을 했는데 코로나19 때문에 각자 자신의 나라로 돌아가서 일할 사람들이 없다고 한다. 말로 듣던 그대로이다. 매일같이 자영업하시는 분들이 문을 닫는다는 말을 뉴스에서 들어 왔는데, 실재로 그 심각한 상황을 눈앞에서 보고 있다.

깊은 한숨이 하우스 안을 가득 맴돈다.

기온이 올라가고 바람이 달다 싶어질 때쯤 나는 늘 파프리카 농원을 찾았다. 겨우내 메마른 식구들의 몸에 수분을 공급하기 위해서이다. 붉고 노란 열매는 물보다 더 시원함을 준다. 특히 붉은 파프리카가 내 입맛에 맞다. 붉은색의 파프리카는 아삭아삭한 식감과 상큼한 고추 맛이 일미이다.

붉은색의 파프리카는 항산화 물질의 함량이 높다. 활성 산소로 인한 세포의 파괴를 막고, 노화를 방지하는데 좋은 작용을 한다고 알려져 귀한 대접을 받는다. 또한 풍부한 비타민C의 영향으로 건강하고 탄력 있는 피부 관리에도 많은 도움을 준다. 겉껍질은 단단해도 속은 부드러운 파프리카를 먹다 보면 조금씩 몸이 싱싱해지는 느낌이 든다.

비닐하우스 천정에서 수많은 줄들이 내려와 있다. 그 줄들은 하나같이 파프리카 줄기를 매달고 있다. 한때는 저 줄들이 팽팽하도록 파프리카 나무는 많은 열매를 달고 있었다. 이 하우스 안이 건강과 생명으로 넘치던 때였다. 그러나 누구도 세월을 장담하지는 못한다. 코로나19라는 뜻밖의 상황이 벌어졌다. 그 충격은 너무나 크다.

청년은 갑자기 농장을 접고 생활의 터전을 옮겨야 할지도 모르는 막막한 현실에 직면했다. 수많은 손님들이 거쳐 간 비닐하우스 안에 검은 그림자가 드리웠다. 파프리카 나무들도 이 상황을 알고 있는 것인가. 선명해야 할 열매에 그새 거뭇거뭇한 죽음의 색이 스며들고 있다.

　청년은 오히려 파프리카를 많이 주었다. 덤이 마냥 좋지만은 않다. 어디 여기뿐이랴. 발을 딛고 살아가던 생활의 터전들이 급격히 무너지고 있다. 당연하고 익숙했던 것들이 우리 곁을 떠나고 있다. 더 이상 예전 삶의 형태를 유지할 수 없을지도 모른다는 생각이 불쑥 든다.

　그러나 어떤 세상이 되더라도 인간은 여전히 먹고 자고 즐기고 하는 기본적인 생활을 해야 한다. 그러니 파프리카 농사 또한 계속되어야 하지 않을까. 청년이 어디로 가서 어떤 삶의 터전을 만들지는 모르겠지만, 마음속으로 뜨거운 응원을 보낸다.

　파프리카를 받아들고 나오는 발걸음이 무겁다. 달콤한 향기에 돌아보니, 손을 흔드는 청년의 얼굴이 모든 것을 내려놓은 사람처럼 평화롭다. 그 얼굴에서 문득 평화로움 너머의 고독을 읽는다. 색색의 파프리카가 그려진 간판을 지난다. 어려움을 겪는 모두가 이 시기를 잘 견뎌냈으면 한다. 건강하고 화려한 시절을 다시 맞이하기를 바라며 악셀을 밟는다.

난 괜찮다

1판 1쇄 · 2022년 10월 31일

엮은이 · 박정숙
펴낸이 · 서정원
펴낸곳 · 도서출판 전망
주　소 · 부산광역시 중구 해관로 55(중앙동 3가) 우편번호 · 48931
전　화 · 051-466-2006
팩　스 · 051-441-4445
출판 등록 제1992-000005호
ⓒ 박정숙 KOREA
값 13,000원

ISBN 978-89-7973-585-7
w441@chol.com

* 저자와의 협의에 의해 인지를 생략합니다.

*이 책은 2022년 양산시 지역문화진흥기금의 지원을 받아
　발간하였습니다.